KT
Kaiser Taschenbücher
141

Hans Ruh

Störfall Mensch

Wege aus der ökologischen Krise

Chr. Kaiser

Originalausgabe

Die Deutsche Bibliothek – CIP-Einheitsaufnahme

Ruh, Hans:
Störfall Mensch : Wege aus der ökologischen Krise / Hans Ruh. –
2., durchges. und korr. Aufl. – Gütersloh : Kaiser, Gütersloher Verl.-Haus, 1997
    (Kaiser-Taschenbücher ; 141)
    ISBN 3-579-05141-5
NE: GT

ISBN 3-579-05141-5
2., durchgesehene und korrigierte Auflage 1997
© Chr. Kaiser / Gütersloher Verlagshaus, Gütersloh 1995

Das Werk einschließlich aller seiner Teile ist urheberrechtlich geschützt. Jede Verwertung außerhalb der engen Grenzen des Urheberrechtsgesetzes ist ohne Zustimmung des Verlages unzulässig und strafbar. Das gilt insbesondere für Vervielfältigungen, Übersetzungen, Mikroverfilmungen und die Einspeicherung und Verarbeitung in elektronischen Systemen.

Umschlaggestaltung: Inge Geith, München
Druck und Bindung: Clausen & Bosse, Leck
Gedruckt auf chlorfrei gebleichtem Werkdruckpapier
Printed in Germany

Inhalt

Vorwort 7

I. Was ist und worin besteht das ökologische Problem? 9

II. Homo technicus: Der technisch
    handelnde Mensch als Verursacher des
    ökologischen Problems 35

III. Homo lusor: Das ökologische Problem
     und das Handeln unter Risiko 55

IV. Ein Tugendkatalog für den Menschen in einer
    ökologischen Gesellschaft 67

V. Ausgewählte Beispiele für Lösungsstrategien in einer
   ökologischen Gesellschaft 80

1. Handeln in der Technik 81
1.1 Das Beispiel Bionik 81

2. Handeln in der Natur 85
2.1 Das Beispiel Energie 85
2.2 Das Beispiel Boden 95
2.3 Das Beispiel Wald- und Landschaftsplanung 100

3. Handeln in der Politik 104

3.1 Das Beispiel Sozialstaat 104
3.2 Das Beispiel Steuersystem 107
3.3 Neue staatliche Institutionen 108

4. Handeln in der Wirtschaft 109

4.1 Ein neuer Begriff von Produktivität 109
4.2 Das Beispiel Arbeitslosigkeit: Ein Modell für die Zukunft der Arbeit 112

5. Handeln in der Freizeit 130

5.1 Das Beispiel Sport und Gesundheit 130
5.2 Das Beispiel Tourismus 134

6. Handeln im Weltdorf 143

6.1 Das Beispiel ‹Verantwortung der Industrienationen für die ökologische Misere in vielen Ländern der Dritten Welt› 143
6.2 Einige Faktoren weltweiter Umweltzerstörung 146
6.3 «Nicht mehr geben, sondern weniger nehmen» - das Konzept einer Autarkie mit Fenstern 149

Literatur 151

Vorwort

Der vorliegende Band ist aus Vorlesungen unter dem Thema ‹Ethik und Umwelt› an der Universität Zürich sowie an der Eidgenössischen Technischen Hochschule Zürich in den letzten Jahren herausgewachsen. Die Publikation entspricht zunächst einem immer wieder geäußerten Wunsch der Studierenden. Sie ist aber insbesondere das Resultat eines Nachfragens über den eigentlich umweltethischen Bereich hinaus: Wie könnte man sich eine Gesellschaft vorstellen, welche ernst macht mit der Notwendigkeit einer Integration der menschlichen Lebens- und Produktionsweise in die Natur? Diese Frage hat mich in den vergangenen Jahren zunehmend beschäftigt und ich bin zu der Überzeugung gelangt, daß es zur Suche nach neuen Formen von Wirtschaft und Gesellschaft keine sinnvolle Alternative gibt. Nun muten einige der hier skizzierten Wege aus der ökologischen Krise möglicherweise etwas utopisch an. Auf Tagungen, bei Vorträgen und vor allem bei zahlreichen Gesprächen mit Fachleuten aus Wirtschaft und Politik habe ich jedoch die Erfahrung gemacht, daß ethische Reflexion auch die Folge haben kann, daß wir eine gewisse Distanz zu Alltagsproblemen und Alltagszwängen gewinnen und damit auch Freiräume, neue Konzepte zu entwerfen und auszuprobieren.

Im Vordergrund meiner Arbeit stehen für mich die folgenden Fragestellungen, die zugleich auch Aufschluß über den Aufbau des Buches geben: Was ist das ökologische Problem in seinem eigentlichen Kern? Wie kann man verstehen, daß der Mensch dieses Problem geschaffen hat? Welche Tugenden sind die Voraussetzung für die Gestaltung einer ökologischen Gesellschaft? Wie könnte eine solche Gesellschaft ansatzweise aussehen?

Es versteht sich von selbst, daß die skizzierten Wege aus der ökologischen Krise nur eine Auswahl darstellen, wobei ein Auswahlprinzip die jeweils nur bedingte fachliche Kompetenz des Verfassers war.

Einige dieser skizzierten Wege habe ich in Vorträgen vorgestellt und festgestellt, daß sowohl Menschen wie Institutionen an mancherlei Stationen meiner Vorschläge in ihrem Umfeld Realisierungsversuche unternehmen können. Dies zu stimulieren, dazu Mut zu machen, ist denn auch die Absicht dieses Buches.

Vielen bin ich im Blick auf die Herstellung des Manuskriptes zu Dank verpflichtet. Sicher den Studierenden für die kritische und wohlwollende Begleitung. Ebenfalls vielen Votanten und Votantinnen bei Vorträgen. Wichtige Anstöße hat mir stets Dr. Markus Huppenbauer gegeben. Besonderen Dank verdient meine Mitarbeiterin Edith Müller, ohne deren Einsatz und treue Überwachung der Band nicht entstanden wäre. Ebensolcher besonderer Dank gebührt dem Assistenten Rudi Neuberth vom Institut für Sozialethik der Universität Zürich. Seine Begeisterungsfähigkeit, Kompetenz und Unermüdlichkeit in Kritik und Redaktionsarbeit gehören zu den Entstehungsbedingungen des vorliegenden Bandes. Endlich danke ich Dr. Manuel Zelger vom Verlag, der mir mit konstruktiven Ratschlägen beigestanden hat.

Zum Schluß erlaube ich mir einen Lesehinweis: Wer die Überlegungen zur Begründung des ökologischen Problems zunächst auf sich beruhen lassen möchte und vor allem an der Skizzierung einer ökologischen Gesellschaft interessiert ist, kann die Lektüre auch mit Kapitel V beginnen.

Zürich, im Juli 1995   Hans Ruh

I. Was ist und worin besteht das ökologische Problem?

Es gibt eine Reihe von Anzeichen dafür, daß etwas mit unserer Gesellschafts- und Lebensform nicht mehr stimmt, nicht mehr in Ordnung ist: wir stoßen auf eine Reihe von inneren Widersprüchen, Risiken, Ohnmachtsgefühlen und Ausweglosigkeiten. Solche Erfahrungen konzentrieren sich heute vor allem auf den ökologischen Bereich. Soziale, politische oder auch ökonomische Probleme werden als ökologische wahrgenommen: die Konferenz von Rio de Janeiro 1992, als Umweltgipfel in die Geschichte eingegangen, war dafür ein Zeugnis.

Wir nehmen so etwas wie eine Störung des Menschen auf unserem Planeten wahr. Wir zweifeln, ob es wirklich gut gehen wird, wenn wir Menschen uns auf unserem Planeten so verhalten, wie wir es heute tun. Diese und ähnliche Fragen haben die Menschheit zu allen Zeiten beschäftigt. Es gehört zu den menschheitsgeschichtlichen Erfahrungen, daß sich die Menschen des Umstandes bewußt werden, daß sie nicht wie andere Lebewesen, vor allem die Tiere, instinktmäßig voll durchprogrammiert sind. Schon Platon hat im ‹Protagoras› den Mythos erzählt, wonach Epimetheus die Lebewesen mit allerlei Instrumenten (Fell, Panzerhaut, Hufe etc.) ausstaffiert, die Menschen aber zunächst "vergessen"[1] hatte. Die Nachlieferung von technischer Weisheit[2] aber brachte dem Mensch noch keine hinreichenden Möglichkeiten zum Schutz seines Lebens. Denn Kunstfertigkeit und Technik alleine können sich ebenso zur Vernichtung des Menschen gebrauchen lassen. Die Möglichkeit gesicherten Zusammenlebens bedarf offenbar noch weiterer ‹Künste›.

---

[1] "Wie aber Epimetheus doch nicht ganz weise war, hatte er unvermerkt schon alle Kräfte aufgewendet für die unvernünftigen Tiere; übrig also war ihm noch unbegabt das Geschlecht der Menschen, und er war wieder ratlos, was er diesem tun sollte." Platon, Protagoras 321 b c.

[2] Im gr. Text heißt es hier ‹entechnon sophian›, was zunächst die kunstreiche Weisheit des Hephaistos und der Athene meint und für den Menschen dann technischen Verstand, Kunstfertigkeit bedeutet hatte.

Interessanterweise erzählt der Mythos denn auch, daß Zeus, besorgt das Menschengeschlecht könne untergehen, den Hermes zur Erde schickte, den Menschen Rechtsgefühl und Moralempfinden[3] zu bringen; und erst jetzt, so die Pointe des Mythos, war ein gesichertes und geschütztes Leben in einer Gemeinschaft möglich.

Dieser Mythos berichtet von derselben Wahrnehmung, wie sie später im Verständnis des Menschen als ‹Mängelwesen› bei Herder zum Ausdruck kam. Diese Wahrnehmung meint, daß der Mensch von Geburt an ein zwar schwaches, aber nicht eben vollkommen determiniertes Lebewesen ist. Schon der Säugling hat Vernunft als "eine seiner Gattung eigene Richtung aller Kräfte".[4] Was also dem Tier der Instinkt, ist dem Mensch die Freiheit; was dem Tier die Kunstfertigkeit, ist dem Mensch die Vernunft. So zeichnet sich die hervorgehobene Stellung des Menschen im Kosmos insbesondere durch das Vermögen der Freiheit und Vernunft aus und das bedeutet in bezug auf die Ethik, daß dieser Mensch eine mindestens bedingte Freiheit der vernünftigen oder unvernünftigen Wahl hat, daß er beispielsweise alternative Handlungsmöglichkeiten haben kann. Aber gerade weil er sie haben kann, braucht er eine Orientierung für sein Handeln.

Ethik können wir in diesem Sinne verstehen als Angebot für eine solche Orientierung. Was uns als geschriebene Ethik von der Geschichte übermittelt worden ist, seien es nun die Zehn Gebote des Alten Testaments, seien es uralte ethische Regeln, sind auf den Begriff gebrachte, in Sprache gefaßte menschheitsgeschichtliche Erfahrungen bewährten Lebens, das heißt Erfahrungen darüber, wie menschliches Leben gelingen und sinnvoll gestaltet werden kann. Grundlegende ethische Texte und Sätze sind Fazit geglückter Lebensprozesse durch Jahrhunderte menschlicher Erfahrung hindurch, angeschwemmt und segmentiert in unserer Kultur. Zum Teil tragen wir diese Erfahrung in uns selbst, z.B. so etwas wie das Gerechtigkeitsgefühl, weil wir in diese Kultur sozialisiert worden sind. Dazu gehören beispielsweise ethische Grundsätze wie *Ehrfurcht vor dem Leben und vor dem in langer Zeit Gewordenen*;

[3] Vgl. Protagoras 322 c.
[4] J. G. Herder, 1960, S. 22.

I. Was ist und worin besteht das ökologische Problem?

unnötiges Leiden vermeiden; Gleiches ist gleich zu behandeln; die Wohlfahrt aller ist zu fördern.

Wir haben am Anfang von inneren Widersprüchen und negativen Gefühlen gesprochen, die das Lebensgefühl von heute ausmachen. Wir können es auch so ausdrücken: die als lebensbedrohlich und menschheitsgefährdend wahrgenommenen Katastrophen und vor allem jene im ökologischen Bereich wie Hungersnöte, Naturkatastrophen, Weltwanderung von Millionen etc. oder auch die drohende Klimakatastrophe, erfahren wir als Widersprüche zu den in Texten, Erzählungen und Normen gelagerten Erfahrungen gelungenen Lebens. Wir spüren heute, daß die Zerstörung der Artenvielfalt, die Verbrennung fossiler Energieträger oder die Zerstörung der Böden etwas zu tun haben könnte mit der Mißachtung grundlegender ethischer Orientierungen und Normen gelingenden Lebens, wie wir sie oben genannt haben.

Wir vermuten hier, daß wir es mit einer tiefgreifenden Störung des menschlichen Denkens und Handelns zu tun haben. Eine solche Störung ist ja auch nicht einfach erstaunlich: Der Mensch ist nun einmal das Lebewesen, das das Programm für sein Verhalten nicht vollständig determiniert mitbekommen hat. Er besitzt einen Freiheitsgrad in bezug auf sein Denken und Handeln, wie das mit keinem Lebewesen sonst vergleichbar ist. Es scheint, daß der Mensch diesen Freiheitsgrad genutzt hat und es scheint weiter, daß er dadurch in eine tiefgreifende Krise seines Tätigkeitshaushaltes geraten ist, die sich unter anderem als Widerspruch zu bewährten Normen erweist.

Eine Mißachtung grundlegender Werte und Normen, die sich menschheitsgeschichtlich bewährt haben, können wir in gewisser Weise auch als ‹das ökologische Problem› begreifen. Wir meinen damit dann so etwas wie eine Störung der Stellung des Menschen in der Lebenswelt. Es ist nicht ganz einfach, präzise anzugeben, worin das ökologische Problem aus ethischer Sicht besteht. Wir reden von Zerstörung der Natur. Aber hier geraten wir bereits in Schwierigkeiten: welche Natur ist bedroht? Die Lebensgrundlagen sind für wen oder was bedroht? Ist nicht auch eine natürliche Lebensgemeinschaft in einer anderer Zusammensetzung als in der aktuellen auf unserem Planeten denkbar?

Beleuchten wir zunächst die Frage, ob das ökologische Problem nicht schon dann gegeben ist, wenn die belebte Natur selbst - unter unfreundlicher Assistenz des Menschen - ihre Lebensgrundlagen total zerstört. Es ist noch umstritten, ob die Natur sich selbst zerstören kann, denkbar ist es schon, etwa bei der Produktion von zu hohen oder zu tiefen Temperaturen, vielleicht auch im Gefolge eines gewaltigen Meteoriteneinschlags.

Unter natürlich bzw. Natur verstehen wir hier alles, was nicht vom Menschen gemacht worden ist. Allerdings setzen bereits bei dieser Definition die Schwierigkeiten ein, denn gerade nach dieser Definition gehört auch der Mensch zur Natur. Also ist grundsätzlich auch sein Handeln in der Natur natürlich. Diesen Punkt gilt es neu aufzugreifen und zu vertiefen. Wir stellen deshalb die Frage nach dem ökologischen Problem jetzt noch einmal unter dem Gesichtspunkt der Natur, des natürlichen *Systems* selbst.

Eine erste Wahrnehmung beziehungsweise Definition des ökologischen Problems geht von der Frage nach außerordentlichen Einwirkungen auf natürliche Systeme aus, einschließlich des Menschen.

Welche außerordentlichen Einwirkungen sind aber denkbar? Ist der Meteorit, der vor ca. 70 Millionen Jahren vermutlich ein Drittel der Biomasse und ein Drittel der Arten unseres Planeten zerstört hat, eine außerordentliche Einwirkung? Ja und nein. Ja, weil so etwas 70 Millionen Jahre nicht mehr vorgekommen ist und zugleich schwerwiegende Folgen gezeitigt hat. Nein, weil der Meteorit im weitesten Sinne auch zu den natürlichen Systemen zählt. Zwar könnte man die natürlichen Systeme auf unseren Planeten beschränken. Aber wir würden damit nichts gewinnen und uns nur neue Probleme einhandeln. Denn einmal funktionieren natürliche Systeme nicht ohne Einwirkungen von außen (man denke an die Sonne), zum anderen müssen wir der Tatsache, daß es Meteoriten gibt, auch so etwas wie die Qualität des Natürlichen zubilligen, vor allem, wenn wir das Natürliche definieren als das nicht vom Menschen Gemachte.

Nochmals also die Frage: Wie steht es mit den außerordentlichen Einwirkungen? Und wodurch und durch wen sind sie denkbar? Eigentlich kommt in heutiger Sicht nur der Mensch der westlich industrialisierten Welt als Akteur in Frage, denn alles andere muß in irgendeiner Weise als natürlich verstanden werden. Einer bestimmten Einwirkung können wir hier das Prädikat ‹außerordentlich› ja wohl nicht absprechen, nämlich der vom Menschen verursachten Erhöhung des CO_2-Gehaltes in der Atmosphäre. Das heutige Ausmaß hat es seit 150'000 Jahren nicht gegeben.[5] Hiermit ist möglicherweise das Zentrum des ökologischen Problems indiziert.[6] Allerdings ist auch der Mensch Teil der natürlichen Systeme, grundsätzlich wohl mit allen seinen Fähigkeiten, also auch mit seinen denkerischen, kulturellen und technischen Fähigkeiten. Die Unterscheidung von Natur und Kultur hilft hier zunächst nicht, weil nicht einzusehen ist, warum - innerhalb dieses Ansatzes - die Fähigkeit des Menschen zur kulturellen Tätigkeit nicht auch letztlich zur Natur des Menschen zu zählen ist. Warum also soll es nicht natürlich sein, daß es eine einzige Art, eben den Menschen, gibt, die überdimensionale Zerstörungskraft besitzt?

Ein Hinweis auf gewisse Durchschnittswerte in der Natur hilft hier nicht viel. Wir würden vielleicht gerne sagen: die Zerstörungsfähigkeit des Menschen ist bis zu einem in der Natur normalerweise vorkommenden Maß als durchschnittlich, normal und somit als natürlich zu bezeichnen. Fortpflanzung und Regeneration, Neubildung und Zerfall gehören zum Eigentlichen natürlicher Systeme. Zerstörung ist in der Natur kein Selbstzweck, sondern dient dem Aufbau neuen Lebens, geschieht also zum Zweck der Erhaltung des Lebens.[7] Aber auch diese Erklärung bringt Schwierigkeiten mit sich: was heißt ‹zum Zweck› in bezug auf die Natur? Hat die übermäßige Zerstörung durch den Menschen eventuell nicht auch den Zweck, für neue Lebewesen Platz zu machen, vor allem dann, wenn die Zerstörung so umfangreich wird, daß auch der Zerstörer zerstört wird?

---

[5] Die Daten beziehen sich auf Angaben, die Prof. Thierstein (ETH Zürich, Mikropaläontologie), gegenüber dem Autor äußerte.
[6] Als indirekte oder abgeleitete ökologische Probleme können dann die vielen ‹kleineren› negativen Einwirkungen wie Luftverschmutzung, Krebserzeugung, Asthma, Muttermilch-Schadstoffe etc. gelten.
[7] Vgl. G. Picht, 1989, S. 352-358.

Wir haben gesehen, daß der Begriff des Durchschnittswertes an Zerstörung hier nicht weiterhilft. Oder doch? Könnten wir sagen, daß der Mensch wie kein einziges anderes Lebewesen so viele Arten in so kurzer Zeit zerstört habe, und daß das nicht tolerabel sei. Aber für wen nicht? Und warum nicht? Und warum soll es nicht natürlich sein, wenn nur eine einzige Art so verfährt? Es gibt sicher noch andere Singularitäten anderer Arten.

Wir bleiben noch bei der Frage, ob sich *aus der Natur heraus*, also mit analytisch-empirischen Mitteln, so etwas wie ein Normalmaß menschlichen Verhaltens gegenüber der Natur entdecken läßt. Ulrich Melle hat folgende These verfochten: Zwar gehört es sozusagen zum ‹courant normal›, daß Leben, auch menschliches Leben, verbunden ist mit Zufügen von Leid und Gewalt. Aber es käme darauf an, "das dem Menschen in Hinsicht auf seinen Platz in der biotischen Gemeinschaft angemessene Maß an Gewalt zu bestimmen".[8] Auch wenn Melle diese These in erster Linie im Zusammenhang mit der Tiernutzung durch den Menschen aufstellt, kann man sie durchaus als eine These für die Bestimmung des Maßes menschlichen Eingreifens in die Natur verstehen. Das Problem ist nur, daß es sehr schwierig ist, dieses Maß zu bestimmen. Es gibt eben keinen biologischen Durchschnittswert an Zerstörung von Leben. Und es sind nicht immer die lebenszerstörenden Lebewesen, welche dann davon profitieren. Es läßt sich also auf diesem Weg kaum etwas Sicheres ausmachen. Höchstens könnte man die Idee des Maßes als ein praktisches Regulativ verstehen.

Einen anderen Ansatz vertrat Georg Picht. Er ging davon aus, daß zum Lebensprozeß das Zerstören gehört.[9] "Alles Leben erhält sich durch die Vernichtung von anderem Leben" (S.353). "Ohne Kampf gibt es keine Selektion ... Wenn Kampf Bedingung des Lebens in allen seinen möglichen Formen ist, wäre die Herstellung eines konfliktlosen Zustandes Selbstvernichtung. Ebenso selbstmörderisch ist aber die entgegengesetzte Ideologie der Sozialdarwinisten und Faschisten, die uns vormachen will, die conditio sine qua non des Lebens sei der wesentliche Inhalt und das Ziel des Le-

---

[8] U. Melle, 1988, S.270.
[9] G. Picht, 1989, S.352ff.

bens. Der Kampf wird nämlich in der Natur immer darum geführt, einen relativ unbedrohten und relativ stabilen Zustand herzustellen. Die Zerstörung, die die Voraussetzung von Leben ist, ist gleichzeitig jener Prozeß, gegen den Leben sich schützen muß, um Leben sein zu können". (S.355). "Es gibt in der Natur kein ökologisches Vakuum. Jede Lücke, die frei wird, wird sofort von anderen Gruppen oder anderen Arten besetzt. Deshalb ist das Zugrundegehen zwar die Zerstörung einer bestimmten Gestalt des Lebens, aber das Leben als solches wird nicht tangiert". (S.356). Nach Picht wäre das ökologische Problem bestimmt dann sichtbar, wenn sich das Leben selbst zerstörte.

Im Anschluß an diese These kann man dann allerdings weiter fragen: Warum soll sich die Natur nicht selbst auslöschen, wenn sie es will? Selbst bei dieser Frage muß man eigentlich zugeben: Warum soll sie das nicht tun? Ja, selbst wenn der Mensch derjenige wäre, der der Natur hilft, sich selbst bzw. das Leben zu zerstören, bliebe die nicht eindeutig beantwortbare Frage: Warum soll der Mensch das nicht tun, was er kann, ist er doch Teil der Natur?

Es kann ja durchaus die Auffassung vertreten werden, die Rolle des Menschen bestünde darin, die Selbstzerstörung der Natur zu vollenden. Das ist zwar höchst befremdlich, aber als mögliche Auffassung über den Menschen nicht objektiv zu beurteilen, sondern nur von einem normativen Standort aus abzulehnen.

Andererseits gehört es wohl zum Besonderen des Menschen, daß er sein Handeln beobachten und reflektieren kann. Er hat die natürliche Fähigkeit zur Beobachtung und Reflexion. Wie sieht die Sache nun aus, wenn der Mensch aufgrund seiner natürlichen Fähigkeit zur Reflexion, z.B. zur ethischen Reflexion, zu dem Schluß gelangt, daß er seine Rolle auf diesem Planeten katastrophal falsch spielt? Zum Beispiel, wenn er sich mit seinen Fähigkeiten versteht als Bebauer und Bewahrer des Geschaffenen und wenn er nun einsieht, daß er diese seine Rolle völlig falsch spielt, wenn er die Natur in einem Maße zerstört, wie er es heute tut? Nun besteht hier die Schwierigkeit, daß nicht alle Menschen in gleicher Weise einig sein werden in bezug auf diese Rolle des Bewahrers der Schöpfung. Manche werden diese anthropologisch-ethische Sicht weit von sich weisen.

Wir müssen damit die Suche nach der Bestimmung des ökologischen Problems allein im Lichte der Einwirkungen durch den Menschen oder allein aus einer Analyse der Natur heraus aufgeben: es kann auf dieser Linie nicht gelingen. Dies aus dem Grunde, weil wir immer wieder auf die Frage zurückgeworfen werden, warum es nicht natürlich sein soll, daß der Mensch das tut, was er von Natur aus tun kann. Wir müssen einen völlig neuen Gesichtspunkt einbringen, wenn wir ans Ziel, zur Bestimmung dessen nämlich, was das ökologische Problem ist, gelangen wollen. Dieser neue Gesichtspunkt besteht darin, daß wir nicht bloß nach den Einwirkungen durch irgend jemand, sondern gleichzeitig und insbesondere nach den *Folgen,* vor allem aber nach der Erträglichkeit der Folgen solcher Einwirkungen fragen.

Gibt es Folgen außerordentlicher Einwirkungen auf die Natur, welche für jemanden nicht erträglich sind? Zunächst gilt auch hier: Die Tatsache, daß es Naturkatastrophen gibt, löst diese Frage keinesfalls. Zwar sind deren Folgen ebenfalls unerträglich für den Menschen, aber wir müssen sie hier zum ‹courant normal› des Funktionierens der Natur rechnen, weil sie nicht notwendig und unmittelbar Folgen außerordentlicher Einwirkungen auf die Natur darstellen und weil sie nicht tiefgreifend und rasch das Gesamtsystem betreffen.

Immerhin könnten wir sagen: das ökologische Problem zeigt sich immer dann, wenn Menschen hinsichtlich ihrer Einwirkungen auf die Natur und den daraus resultierenden Folgen und Nebenfolgen zu dem Schluß kommen, diese seien unakzeptabel und unerträglich.

Als These halten wir fest: Das ökologische Problem besteht - allgemein ausgedrückt - in den vom Menschen getätigten, außerordentlichen, mit schwerwiegenden Folgen behafteten Einwirkungen auf die Natur, die von Betroffenen als nicht akzeptabel und unerträglich wahrgenommen werden.

Dies soll unter zwei Aspekten aufgegriffen werden: was ist das ökologische Problem aus der Sicht der Interessen des Menschen und was aus der Sicht der nichtmenschlichen Natur? Zunächst also *aus der Sicht des Menschen*:
Vorangestellt sei eben die These, daß die sogenannte Zerstörung der Lebensgrundlagen deshalb für den Menschen nicht akzeptabel und

unerträglich ist, weil die sozialen und kulturellen Folgen, sprich: Verheerungen und Leiden, nicht akzeptabel sind. Vom Menschen aus gesehen ist auch eine andere Zusammensetzung der Natur und sind auch andere klimatische Verhältnisse an sich zunächst durchaus vorstellbar: Ananas in Sibirien, Rollschuhfahren am Engadiner Skimarathon usw. Doch sind die Folgen einer raschen Veränderung des Klimas für den Menschen sozial, ökonomisch und kulturell nicht zu verkraften: weder die weltweiten Wanderungsströme, noch die raschen politischen und sozialen Umwälzungen, noch die Zerstörung von Kulturen. Es sind nicht die ökologischen Folgen im engeren Sinne der Veränderungen der Natur, es sind die sozialen und kulturellen, allenfalls die politischen und ökonomischen Folgen, welche untragbar sind. Später könnten allerdings gesundheitliche Folgen (Krebs, Immunschwächen) dazukommen. Die Leidensspur einer durch den Menschen verursachten raschen klimatischen Veränderung und damit einer raschen Umwandlung natürlicher Verhältnisse ist für den Menschen unerträglich, nicht akzeptabel. Genau in diese Richtung scheint sich aber die Entwicklung zu bewegen. Eine Rückversicherungsgesellschaft kam jüngst zu folgendem Ergebnis: "Eine mögliche Auswirkung der globalen Klimaveränderung könnte sein, daß Millionenstädte im Prinzip ebenso aufgegeben werden müßten, wie in der Historie immer wieder menschliche Siedlungen aufgegeben wurden. Niemand weiß, wie dies zu bewerkstelligen wäre."[10]

Es ist offensichtlich, daß es heute aufgrund außerordentlicher, von Menschen getätigter Einwirkungen Folgen gibt, welche für bestimmte Betroffene nicht akzeptabel sind. Hier liegt der Fall anders als unter der alleinigen Perspektive der Einwirkungen: Betroffene gibt es jenseits des Diskurses darüber, ob sie nun Betroffene sind oder nicht. Es ist allgemeiner Konsens, daß diejenigen, welche durch ein Ereignis besonders schwer betroffen sind, als Betroffene eine spezielle Aufmerksamkeit beanspruchen können. Betroffene können sich auch selber als solche deklarieren; sie müssen dann nur zeigen können, daß die negativen Folgen eines Ereignisses sie besonders schwer betreffen.

[10] Schweizer Rück, 1994, S. 42.

Gibt es also besonders schwer Betroffene von Ereignissen, welche durch außerordentliche Beeinflussung durch den Menschen induziert worden sind? Wenn es sie gibt, dann haben wir wenigstens einen Teil des ökologischen Problems ausfindig gemacht.

Solche Betroffene wären, um mit einem Typus zu beginnen, Menschen von heute, deren Lebensqualität massiv eingeschränkt wird durch Einwirkungen von Menschen auf die natürlichen Systeme. Es sind dies beispielsweise Menschen, die sich auf der Flucht befinden, weil die Klimaveränderung die natürliche Basis für die Landwirtschaft zerstört hat. Oder es sind asthmatische Kinder, welche durch die schlechte Qualität der Luft gesundheitlich beeinträchtigt sind. Es sind die Betroffenen von Unwetterkatastrophen, verursacht durch kurzfristige, vom Menschen beeinflußte klimatische Veränderungen. Es sind Krebskranke, die durch die Zerstörung der Ozonschicht in besonderer Weise betroffen worden sind. Selbstverständlich muß von Fall zu Fall gezeigt werden, daß ein Zusammenhang zwischen den Einwirkungen des Menschen und den unakzeptablen Folgen besteht.

Diese Menschengruppen sind also betroffen durch etwas, das wir das ökologische Problem nennen können. Wir müssen aber gleich dazu sagen: die direkten Einwirkungen und Folgen z.B. der Klimaveränderung werden potenziert durch sozialpsychologische, soziale und ökonomische Katastrophen. Theoretisch könnte man z.B. die Weltwanderung von Millionen in Gebiete lenken, welche durch die Klimaveränderung in gewisser Weise profitiert haben. Nur geht dies aus sozialpsychologischen, kulturellen und ökonomisch-politischen Gründen nicht. Vielmehr potenzieren sich die negativen Einwirkungen auf der Ebene der Strukturen.

Nun könnte man einwenden, diese negativen Folgen seien die Auswirkungen der modernen Zivilisation und daran seien eben alle ursächlich beteiligt. Dieser Einwand stimmt, aus mehrfachen Blickwinkeln betrachtet, nicht. Denn unzweifelhaft sind vor allem diejenigen durch Umweltkatastrophen betroffen, die nur sehr wenig an den Ursachen beteiligt sind. Es zeigt sich offenbar, daß die Länder der Dritten Welt nochmals speziell benachteiligt sind, und zwar in mehrfacher Weise: sie sind ursächlich wenig beteiligt, sie profitieren wenig von der modernen Zivilisation, sie tragen aber die

I. Was ist und worin besteht das ökologische Problem?

schwerwiegenden Nachteile. Ein ähnliches Verhältnis gilt z.B. zwischen den Generationen: kleine Kinder mit umweltbedingten Krankheiten können wenig dafür. Als eine in besonderer Weise betroffene Gruppe können auch die zukünftigen Generationen gelten. Zunächst leuchtet es sofort ein, daß wir nicht ohne Widerspruch ein eigenes gutes Leben anstreben können und gleichzeitig sagen können, die Lebensqualität zukünftiger Generationen sei uns egal. Wir sind ethisch verpflichtet, deren Möglichkeiten für eine mit der unsrigen vergleichbaren Lebensqualität nicht zu beeinträchtigen.

Gegen dieses Argument hat man schon eingewendet, daß es uns und noch nicht geborenen zukünftigen Generationen egal sein könne, wenn diese keine guten Lebensgrundlagen bzw. überhaupt keine mehr vorfinden. Dieses Argument verfängt darum nicht, weil es keine exakte Trennlinie zwischen der lebenden und den zukünftigen Generationen geben kann: der Übergang ist fließend, es gibt kein Moment, in dem es nur die heute lebende oder nur die zukünftige Generation gibt. Es gibt also auch keinen zeitlichen Fixpunkt an dem man die Geschichte der Menschheit anhalten könnte.

Auch ein weiteres Argument verfängt nicht. Man hat gesagt, daß, wenn die Menschheit beschließen sollte, sie wolle der Lebenszeit der Spezies Mensch ein Ende bereiten, es keinen Grund gäbe, dagegen zu sein: "Ich will hier eine, für manche von Ihnen wahrscheinlich schockierende, Folgerung aus der Vernunftmoral anschließen: so wie es keine moralische Pflicht geben kann, die mit rein rationalen Gründen gestützt wird, eine bedrohte Tierart um ihrer selbst willen zu erhalten, so wenig kann es eine rational begründete moralische Pflicht für die Menschheit geben, ihre eigene Fortexistenz zu sichern. Für die *Lebensumstände* der Generationen, die nach uns diesen Planeten bevölkern, haben wir eine moralische Verantwortung; es ist aber mit rationalen Gründen nicht zu belegen, daß wir dafür eine Verantwortung hätten, daß überhaupt Generationen nach uns kommen. Wenn - *per impossibili* - die jetzt lebende Menschheit aus irgendwelchen Gründen einstimmig beschließen wollte, die Fortpflanzung der Menschengattung einzustellen, so würde ich diesen Beschluß und sein Resultat, nämlich das Aussterben der Gattung Mensch im Jahre ca. 2083, aus manchen Gründen bedauern; aber es gäbe keinen rationalen moralischen

Grund, einem solchen Beschluß entgegenzutreten. «The show must go on» ist vielleicht ein in jedem von uns tief verwurzeltes Gefühl, aber kein rationales Prinzip."[11] Hiergegen wäre einzuwenden: Einmal gibt es den Knopf nicht, auf den man drücken kann, um ein plötzliches Ende der Spezies Mensch herbeizuführen, das heißt, es gibt gar kein praktizierbares Mittel einen solchen Beschluß auszuführen. Zweitens wäre über ein solches Thema höchstens ein Mehrheitsentscheid zu erwarten, niemals eine Einstimmigkeit, die schon aus praktischen Gründen unmöglich ist. In solchen Fragen ist es aber ethisch nicht begründbar, mit Mehrheitsentscheiden zu operieren. Das alles heißt doch, daß die zukünftigen Generationen nicht derart durch vom Menschen induzierte Veränderungen der Lebensbedingungen zu Betroffenen gemacht werden dürfen, daß ihre Lebensqualität eingeschränkt wird bzw. sie gar keine Lebensgrundlagen mehr vorfinden werden.

Ein Punkt, der schon beiläufig erwähnt wurde, muß nochmals speziell aufgegriffen werden: Beim Entscheid darüber, ob schwerwiegende Einbußen an Lebensqualität oder gar die Zerstörung der Lebensgrundlagen riskiert werden dürfen, muß das Recht auf Mitbestimmung der Betroffenen gewahrt werden. Dieses ist aber, z.B. bei der heutigen Zivilisationsentwicklung bzw. Zivilisationsverteilung nicht der Fall. Das heißt, daß hier, unter dem Aspekt der Mitbestimmung, eine weitere Facette des ökologischen Problems sichtbar wird.

Die Zerstörung der Lebensgrundlagen widerspricht dem Recht auf Mitsprache von Millionen von Menschen, was ihr eigenes Schicksal betrifft. Ökologische Schäden sind sozusagen ungefragte Schädigungen anderer und deshalb zutiefst unethisch. Haben wir denn die Dritte Welt jemals gefragt, ob sie zur Abfallgrube der westlichen Zivilisation werden will?

Fassen wir die soeben gemachten Überlegungen zusammen, dann kann man sagen: Das ökologische Problem besteht darin, daß bestimmte Folgen der vom Mensch verursachten Einwirkungen auf die Natur nicht akzeptabel und nicht erträglich sind für bestimmte Betroffene, ja eigentlich nicht für die Menschheit insgesamt - mit

[11] G. Patzig, 1983, S.15-17.

I. Was ist und worin besteht das ökologische Problem?

vielleicht wenigen Ausnahmen wie reichen alten Menschen in der westlichen Welt, Zynikern und potentiellen Selbstmördern.

Pointiert könnte man resultieren: was wir nicht verkraften, weder sozial noch kulturell, sind die Folgen der vom Menschen herbeigeführten sehr raschen Veränderungen der klimatischen Verhältnisse.

Wir müssen bei alledem bedenken, daß wir Menschen das Aussterben der menschlichen Gattung, selbst wenn wir alle dieses Aussterben wollten, nur schrecklich gestalten können. Es gibt keine Möglichkeit der Aufgabe der menschlichen Lebensmöglichkeiten, es sei denn eine qual- und leidvolle. Wir haben, wie Hans Jonas einmal gesagt hat, eine Pflicht zum Dasein.[12]

Es besteht also ein Recht auf Leben für die zukünftigen Generationen. Wer gerne lebt und sein Leben pflegt, wer eine ganze Zivilisation aufbaut, kann nicht zugleich sagen, es sei belanglos, ob zukünftige Generationen auch leben könnten. Zwar muß sicher auch einmal die menschliche Gattung als ganze sterben. Aber es kann nicht unsere Aufgabe sein, dies in so kurzer Zeit mutwillig herbeizuführen. Es geht hier nicht darum, einen qualitativen Plan auszuarbeiten, wie künftige Generationen leben können sollen, aber es geht um den Erhalt der Möglichkeit des Lebens und Fortbestehens der Menschheit überhaupt auf diesem Planeten. Wir können zwar im Dissens liegen über die Fragen nach einer obersten Norm, aber wir müssen zugestehen, daß wir auch künftigen Generationen die Fähigkeit zur Verantwortung erhalten müssen; und dies impliziert notwendig, daß wir den nächsten Generationen die Freiheit der Wahl von Handlungsoptionen sichern müssen, damit diese überhaupt *handeln* können. Es kann aus der Sicht der Ethik nicht akzeptiert werden, daß zukünftige Generationen möglicherweise nur noch auf die von uns heute angerichteten Schäden *reagieren* können.

Soweit die Überlegungen zum ökologischen Problem aus der Sicht des Menschen. Es folgt eine Reihe von Überlegungen aus der Sicht der Mitwelt, der nichtmenschlichen Natur. Dabei soll hier nicht im einzelnen auf methodische Probleme eingegangen werden,

---

[12] H. Jonas, 1979, S. 90. Hans Jonas spricht in diesem Zusammenhang auch vom "ontologischen Imperativ aus der Sicht des Menschen". A.a.O., S. 91.

sondern zunächst sollen die wichtigsten Punkte zusammengefaßt und aufgelistet werden.

Wir können wohl nicht bestreiten, daß Tiere und zum Teil auch Pflanzen einiges mit dem Menschen gemein haben: sie sind Teile der einen Erdgemeinschaft, eines interdependenten Systems; sie sind zum Teil leidensfähig; sie haben Strebungen und Ziele, sie wollen ihr Tier- und Pflanzesein verwirklichen wie wir unser Menschsein. Sie sind Mitbetroffene der außerordentlichen Einwirkungen des Menschen auf die Natur, sie sind auch von den daraus resultierenden Folgen und Nebenfolgen mitbetroffen.

Dies alles führt uns zu der These, daß nichtmenschliche Arten prinzipiell das gleiche Recht auf Leben haben wie wir. Abermals könnten wir pointiert formulieren:
- Alle heutigen und zukünftigen Menschen haben das gleiche Recht auf Leben.
- Jedes Lebewesen hat das gleiche Recht auf Leben.
- Jedes Lebewesen hat das Recht, soviele erneuerbare vorhandene Ressourcen wie nötig zu brauchen, um sein Leben zu erhalten.
- Jedes Lebewesen hat prinzipiell das gleiche Recht sich fortzupflanzen.

Allerdings werden wir ethische Regeln - beispielsweise unter advokatorischer Vertretung der Ansprüche und Rechte der Natur - aufstellen müssen für die unausweichlichen Konflikte, die sich aus diesem Rechtsanspruch aller Lebewesen ergeben. Als Handlungsanweisungen können sich solche Regeln praktisch nur an den Menschen richten. Gleichwohl beziehen sie sich auf der prinzipiellen Ebene auf alle Lebewesen:[13]
- Kein Lebewesen darf seine eigenen Lebensgrundlagen zerstören, weder durch Übernutzung, noch durch Vergiftung.
- Auf Ressourcen, die sich nur langsam erneuern, muß entweder verzichtet werden, oder sie müssen so genutzt werden, daß sie immer vorhanden sind.
- Kein Lebewesen darf mehr erneuerbare Ressourcen in Anspruch nehmen als nötig sind, sein eigenes Leben zu erhalten, es sei denn, eine Ressource sei im Überfluß für alle Nutzer vorhanden.

---

[13] Vgl. H. Ruh, 1991, S. 38f.

I. Was ist und worin besteht das ökologische Problem?

- Überfluß an Ressourcen darf nicht von demjenigen Lebewesen ausgenutzt werden, welches die Ressource schneller, besser, effizienter erschließen kann.
- Kein Lebewesen darf die Lebensgrundlagen und Ressourcen anderer Lebewesen zerstören, außer es sei für den Erhalt des eigenen Lebens nötig.

Mögliche Konflikte zwischen den Interessen der Lebewesen sprechen also nicht gegen ein prinzipiell gleiches Lebensrecht aller, sondern für eine alle Interessen weitestgehend berücksichtigende Konfliktregelung. Es ist eben vor allem pädagogisch von Bedeutung, daß wir zunächst an der Gleichheit der Lebensrechte aller Lebewesen festhalten und erst danach die Konflikte, beziehungsweise die anthropozentrischen Rechte, benennen.

Allerdings bewegen wir uns hier auf der Ebene der ökologischen Frage, also auf der Ebene der Arten, nicht der Individuen. Unter diesem Aspekt ist festzuhalten, daß es eben keine Möglichkeit zu leben gibt für Individuen, wenn es keine Arten gibt, und daß für alle Individuen ein Recht auf Fortpflanzung besteht. Dies alles ist nur möglich, wenn auch nichtmenschliche Arten bestehen bleiben.

Wir könnten zwar von vornherein einwenden, ein Tier habe kein Interesse an seiner Art, es sei ja gar nicht in der Lage, über seine Art nachzudenken, folglich könne die Frage der Arterhaltung für das Tier gar kein Problem sein. Dagegen kann und muß man wiederum sagen, daß die Existenz von Individuen eben steht und fällt mit der Existenz von Arten: ohne Art gibt es z.B. keine Fortpflanzung, und diese ist ein wesentliches Element des Lebens auch von Tieren.

Wenn wir also das Recht auf Leben eines Individuums anerkennen, müssen wir auch die ethische Notwendigkeit des Artenschutzes akzeptieren. Deshalb ist die Zerstörung von Arten Teil des ökologischen Problems, weil durch diese Zerstörung legitime Lebensrechte durch außerordentliche menschliche Einwirkungen schwer beeinträchtigt werden.

Allerdings gibt es darüber keinen Konsens. Vielmehr gibt es noch die weitverbreitete Auffassung, wonach es kein Recht der Tiere, also auch kein Recht der Arten, auf Leben gebe.

Als Beispiel für eine solche Position soll Günther Patzig angeführt werden. "Wenn die Vernunftmoral eindeutige Sanktionen gegen grausame Behandlung von Tieren bereithält, wie steht es mit der moralischen Dimension der *Arterhaltung*? Sind wir moralisch verpflichtet, alle existierenden Arten von Lebewesen zu erhalten? Die weitestgehende These zu diesem Thema, die ich kenne, hat Peter P. Kirschenmann in seinem Vortrag auf dem 16. Weltkongress für Philosophie 1978 in Düsseldorf aufgestellt[14]: Alles, was überhaupt existiert, ist wert, daß es fortbesteht, hat insofern ein Recht auf Existenz; wir Menschen sind moralisch verpflichtet, diesen Aspekt zu respektieren.

Die schwächere These, von Albert Schweitzer aufgestellt, die lediglich alle Lebewesen in diese Existenzgarantie einschließt, geht doch in dieselbe Richtung. Für eine solche Auffassung gibt es nun, soweit ich sehe, kein rationales Begründungsprinzip. 99 % aller Arten von Lebewesen, die überhaupt jemals auf unserem Planeten existiert haben, sind, wie die Biologen uns informieren, inzwischen ausgestorben. Dem Pockenvirus, das von der Erde verschwunden sein soll, wird kaum jemand nachtrauern; den Hakenwurm, die Malariamücke und ähnliche Geiseln der Menschheit wären wir wohl auch gern los. Anders steht es nun freilich mit Walfischen und Leoparden, mit Seehunden und Eisvögeln. Wir finden eine artenreiche natürliche Umwelt ästhetisch erfreulich und wollen diese Vielfalt von Lebewesen als Mitbewohner der Erde nicht missen, und zwar nicht bloß im Zoo, sondern in voller Bewegungsfreiheit in ihrer natürlichen Umwelt. Deshalb sind wir auch unseren Nachkommen gegenüber verpflichtet, eine entsprechend artenreiche und erlebnisträchtige Umwelt zu erhalten. Es gibt außerdem auch eminent praktische Gründe, Artenschutz als wichtige Aufgabe zu behandeln: eine artenreiche Natur ist ein hochempfindliches Meldesystem für beginnende Umweltschäden, und wir haben ferner ein dringendes Interesse, die in den Genen der verschiedenen Lebewesen und Pflanzen gespeicherten Informationen zu bewahren, z.B. die in den Genen angelegten Bauvorschriften für komplexe chemische Stoffe, die einmal nützlich, ja lebenswichtig für uns werden könn-

---

[14] P. P. Kirschenmann, 1978, S. 367-370.

ten. Dies sind Gründe, die in den Bereich einer langfristigen Interessensicherung gehören; moralische Gründe werden es, wenn wir uns verpflichtet fühlen, diese Ressourcen auch unseren Nachkommen zu erhalten."[15]

Nun kann aber selbst der Tod von Tieren ethisch relevant sein, wenn wir davon ausgehen, daß Tiere genauso gerne leben wie wir. Wenn wir eine Gleichheit annehmen zwischen Menschen und nichtmenschlichen Lebewesen bezüglich Wille zum Leben und Streben nach Lebensvollendung, dann müssen wir alle Lebewesen, bei denen wir diesen Willen ausmachen können, als Betroffene anerkennen.

Welche weiteren Gründe gibt es nun, über das bisher Gesagte hinaus, nach dem ökologischen Problem zu fragen? Ein erster Hinweis besteht in dem Umstand, daß wir nicht vollständig sicher sein können, daß wir die Leidensfähigkeit von Lebewesen eindeutig bestimmen können. Zwar ist die Abwesenheit jeder physiologischen Ausstattung ein Hinweis darauf, daß höchstwahrscheinlich die Leidensfähigkeit nicht vorhanden ist. Trotzdem, vollständige Sicherheit über diesen Punkt können wir uns nicht anmaßen.

Grundsätzlich ist auch das Argument des Nichtwissens zu beachten. Wir wissen sehr vieles nicht, gerade in bezug auf Ziele der Natur, wobei schon fraglich ist, ob wir die beobachtbaren Strebungen überhaupt schon Ziele nennen können. Insofern legt das Nichtwissen tiefen Respekt und große Vorsicht nahe beim Eingreifen und Zerstören von Lebensgrundlagen aller Art.

Ein weiteres Argument für die Notwendigkeit des Schutzes alles dessen, was ist, besteht in der Überlegung, daß es zumindest fragwürdig ist, wenn der Mensch sich das Recht herausnimmt zu zerstören, was er nicht gemacht hat. Ebenfalls könnte man als weiteres Argument die Würde des in langer Zeit Gewordenen anführen. Ähnliche Argumente sind noch die folgenden: die Natur ist vor dem Menschen da, der sehr spät ‹dazugekommen› ist. Es kann nicht einsichtig sein, daß dieser Spätling zerstört, was er als gegeben, als Geschenk, vorfindet. Oder: der Mensch ist eingebettet in das Ganze der Natur, wobei in dieser Natur vieles dem Menschen und seinem

[15] G. Patzig, 1983, S.15f.

Streben vergleichbar ist. Der Mensch soll sich deshalb, wo nötig, nach dem Gleichheitsgrundsatz verhalten, auf jeden Fall als Teil eines Ganzen. Oder: auch die Wahrnehmung der Schönheit der Natur könnte ein Indiz für Respekt und vorsichtiges Eingreifen sein. Schönheit könnte ein Hinweis auf das Notwendige, Hilfreiche sein.

Dergleichen Argumente, z.B. die These, daß alles, was existiert, ein Recht auf Existenz hat, gelten allerdings als nicht allgemein einsichtig. So bleibt also die anthropozentrische Sicht wohl die einzige, aus der heraus unbestritten das ökologische Problem definiert werden kann.

Es stellt sich allerdings die Frage, ob eine anthropozentrische und eine biozentrische Sichtweise in der Praxis letztlich nicht auf dasselbe hinauslaufen. Wenn wir von einem aufgeklärten Anthropozentrismus ausgehen, dann muß der sehr vorsichtig umgehen mit allen Teilen des Gesamtsystems, weil niemand wissen kann, welche Teile des Systems wann für wen von essentieller Bedeutung werden. Einschränkend muß man allerdings sagen, daß es für die Quantität der Angehörigen von Arten doch einen Unterschied ausmachen kann, nämlich dann, wenn der Mensch zwar alle Arten schützt, einige davon aber nur aus dem Reservatsgedanken heraus, also nur sehr wenige Exemplare schützt.

Ein gutes und überlegtes Beispiel für die anthropozentrische Sicht, welche allerdings auch den pathozentrischen Aspekt miteinschließt, liefert Dieter Birnbacher[16]. Eines seiner zentralen Argumente für eine umfassende Verantwortung gegenüber der Natur soll hier zur Illustration ausführlicher vorgestellt werden. Birnbacher stellt zunächst die Frage: "Gibt es eine Verantwortung für die Natur, die unabhängig von unserer Verantwortung für die lebende und zukünftige Menschheit besteht?"[17] Und er spitzt die Frage weiter zu: "Hätten wir auch dann eine ‹Verantwortung für die Natur› zu übernehmen, wenn diese weder in der Gegenwart noch in der Zukunft in einem Zusammenhang mit menschlichem Leben und

---

[16] D. Birnbacher, 1980, S.103ff.
[17] A.a.O., S.103.

I. Was ist und worin besteht das ökologische Problem?

Erleben, mit der Möglichkeit menschlichen Glücks und menschlichen Leidens stünden?"[18]

Birnbacher lehnt zunächst, wie er das nennt, zirkuläre und am naturalistischen Fehlschluß orientierte Begründungen einer Verantwortung für die Natur ab. Zum Beispiel sagt er mit Recht, daß man nicht, wie Fraser-Darling[19] es im selben Band tut, den Menschen als Aristokraten bezeichnen kann, der fürsorglich mit den anderen Lebewesen umgehen soll. Denn die Behauptung, der Mensch sei in dieser Weise Aristokrat, stamme allenfalls aus religiösen Annahmen, sei aber vernünftig nicht einsehbar.

Die Argumentation Birnbachers leuchtet zunächst ein. Und doch können wir fragen: was könnte denn die Aufgabe des Menschen im Ganzen der Natur sein, des Menschen, der mit so vielen Eingriffs- und Veränderungsmöglichkeiten ausgestattet ist? Mit Sicherheit läßt sich allerdings nicht sagen, von daher sei eine Haushalterschaft abzuleiten; aber mit Sicherheit ist dies auch nicht auszuschließen!

Nun zum naturalistischen Fehlschluß: "Zu einem ‹naturalistischen Fehlschluß› lädt vor allem ein Begriff wie der des ‹Gleichgewichts› ein, der an sich rein deskriptiv funktioniert, aber ... nur allzuleicht normativ gedeutet wird".[20] In der Tat versteht sich die Forderung nach Erhaltung des natürlichen Gleichgewichts keineswegs aus sich selbst heraus; es müssen noch zusätzliche Bedingungen, z.B. das Interesse des Menschen, genannt werden. Nimmt man dieses Interesse dazu, dann kann man von einem relativen Gleichgewicht in der Natur sprechen, das dem Menschen die notwendigen Rahmenbedingungen für sein Leben sichert.

Im weiteren zeigt Birnbacher, daß die biblische Tradition davon spricht, daß der Mensch auch für die nichtmenschliche Kreatur zu sorgen habe, nur kann die biblische Begründung nicht als vernünftige Begründung gelten. Sie ist einsichtig nur für den Glaubenden.[21] Birnbacher versucht es nun mit zwei klassischen ethischen Theorien: dem deontologischen und dem utilitaristischen Ansatz. Ein typisches Beispiel für Deontologie sind die Äußerungen Kants

---

[18] A.a.O., S. 105
[19] F. Fraser-Darling, 1986, S. 9-19.
[20] D. Birnbacher, 1980, S.108.
[21] A.a.O., S.113.

zu Natur und Tieren. "Kant vertritt in der Metaphysik der Sitten bezeichnenderweise die Auffassung, daß der ‹Hang zum bloßen Zerstören› (spiritus destructionis) ... in Ansehung des Schönen obgleich Leblosen der Natur die Verletzung einer Pflicht des Menschen gegenüber sich selbst darstellt, deshalb, weil es dasjenige Gefühl im Menschen schwächt oder vertilgt ... nämlich etwas auch ohne Absicht auf Nutzen zu lieben".[22] Das Problem bei diesen Argumentationen besteht darin, daß für die deontologische Ethik "stets nur die moralische Vollkommenheit des Menschen, niemals die der außermenschlichen Natur"[23] Selbstzweck sein kann.

Wie steht es nun mit der utilitaristischen Theorie? Der Beurteilungsgesichtspunkt für den Utilitarismus sind außermoralische Werte und Ziele, z.B. das Leiden der Natur. Birnbacher findet es darum keinen Zufall, daß der Utilitarist Jeremy Bentham die Pflichten gegenüber den Tieren als erster formuliert hat. Seine Frage war: können sie leiden? Leiden nichtmenschlicher Natur ist ein Grund für die Pflicht des Menschen, Leiden zu vermeiden. Auch wenn Birnbacher die Vermischung von Leiden von Tieren und Menschen problematisch findet - er resumiert wie folgt: "Halten wir nun als Zwischenergebnis fest, daß wir Pflichten und damit Verantwortung gegenüber der außermenschlichen Natur insoweit haben, als diese leidensfähig ist".[24]

Zusammenfassend und in bezug auf die Identifikation des ökologischen Problems kann man sagen: das ökologische Problem besteht in seinem Kern darin, daß der Mensch Einwirkungen auf das natürliche System tätigt, welche als außerordentlich, d.h. den natürlichen Gang übersteigend, angesehen werden müssen, weil sie für den Menschen unakzeptable Folgen zeitigen. Je nach Entscheid über die Frage des Eigenrechts der Natur wird man die Nichtakzeptanz von Folgen auf weitere Teile des Systems ausweiten. Will man die nicht akzeptierbaren Folgen noch etwas genauer bezeichnen, dann kann man sagen:

---

[22] A.a.O., S.115f.
[23] A.a.O., S.117.
[24] A.a.O., S.121.

- Sie beeinträchtigen schwerwiegend, in indirekter Form abgeschwächter, die Lebensqualität der heutigen Menschen, allenfalls anderer Teile des Systems.
- Sie gefährden die Lebensgrundlagen der heutigen und zukünftigen Generationen und der nichtmenschlichen Arten.

Überblicken wir unsere bisherige Argumentation, dann müssen für eine endgültige Definition des ökologischen Problems noch mehr Aspekte berücksichtigt werden: Die Folgen sind auch deshalb, anders als bei einer Naturkatastrophe, nicht akzeptabel und unerträglich, weil die betroffenen Menschen, zukünftige Generationen und andere Arten, keine Anpassungsmöglichkeiten an die sich rasch verändernden Bedingungen haben. Und wir können vom ökologischen Problem nur dann sprechen, wenn wir uns auf die Veränderung der globalen Bedingungen beziehen. Damit sind wir bei der umfassenden Definition des ökologischen Problems angelangt. Wir sind ausgegangen von der Feststellung, daß diese Definition weder durch die Beschreibung außerordentlicher Einwirkungen des Menschen auf die Natur noch aus der Natur heraus allein möglich ist. Sie ist nur möglich, wenn wir zusätzlich einen normativen Standort einbeziehen. Wir taten dies durch Qualifizierung der Folgen menschlicher Eingriffe als unerträgliche.

Das ökologische Problem liegt also dann vor, wenn aufgrund von Einwirkungen durch den Menschen unerträgliche Folgen für Betroffene entstehen, die im Zusammenhang mit globalen Veränderungen stehen, und die dem Menschen keine hinreichenden Anpassungszeiten gewähren.

Auf die Frage, wodurch denn der Mensch dieses ökologische Problem schafft, gibt es eine Kernantwort: durch das Aufreißen der Stoffkreisläufe wird die Lufthülle der Erde so verändert, daß auch die Einstrahlung der Sonne und die Abstrahlung von der Erde verändert werden, und so verändern sich kurzfristig und tiefgreifend die Rahmenbedingungen für das Klima auf der Erde. Der Umgang des Menschen mit dem Abfall hat dieselbe Wirkung: Abfallproduktion heißt doch: Umwandlung und dispersive Hantierung mit Stoffen, deren veränderte Substanz und Anordnung auch auf das Klima, sicher auf abgeleitete Formen des ökologischen Problems, Einwirkungen zeitigen.

Die Folge ist, daß dem Menschen nebst allen anderen Lebewesen keine angemessenen Anpassungszeiten gegeben sind. Dadurch ergeben sich, bewirkt durch rasche klimatische Veränderungen, schwerwiegende Krisen wie eine Weltwanderung, soziale, kulturelle und ökonomische Krisen, evtl. gesundheitliche Störungen.

Das ökologische Problem besteht also darin, daß durch menschliche Einwirkungen die Nachhaltigkeit der natürlichen Systeme bzw. die Dauerhaftigkeit der Lebensgrundlagen, bezogen auf den Menschen und allenfalls andere Lebewesen, verunmöglicht wird. Genau dies, eben Nachhaltigkeit und Permanenzfähigkeit, sind die wichtigsten Ziele und Voraussetzungen für das Leben des Menschen in der Zukunft.

Wenn diese Analyse stimmt, dann ergeben sich für unser Handeln ultimativ die folgenden drei Oberziele:

- Sicherung der Lebensqualität der gegenwärtigen Generationen.
- Sicherung der Lebensgrundlagen für die zukünftigen Generationen
- Erhaltung der Lebensgrundlagen für die nichtmenschliche Lebenswelt.

Möchte man diese Ziele erreichen, so bedarf es der Erarbeitung von Strategien zur Erreichung der Ziele. Denn eine Ethik, die den Rückbezug des Zielentwurfs auf die Realität nicht bedenkt und die sich nicht gleicherweise um die Entwicklung von Strategien bemüht, die dem Erreichen der Ziele dienen, bleibt nur eine halbe Sache. Wir müssen an dieser Stelle also fragen, welche *operativen Strategien* auszuarbeiten sind, wenn man dem Anspruch, die genannten drei Oberziele zu erreichen, gerecht werden und entsprechen will. Folgende Regeln - unterhalb einer obersten Maxime - bieten sich sozusagen im Sinne einer ‹technischen Umsetzung› der Zielvorgaben als erste formale Maßnahmen an:

> **Vermeidung aller raschen Veränderungen globaler Verhältnisse mit dem Ziel der Sicherung der Nachhaltigkeit und Dauerhaftigkeit.**
> - Orientierung an der Idee geschlossener Stoffkreisläufe.
> - Gebrauch, aber nicht Zerstörung von Ressourcen.
> - Vermeidung von Abfällen im Sinne der Vermeidung der Dispersion oder anderen Anordnung von Stoffteilchen.
> - Ausschließlicher Gebrauch von dezentraler Sonnenenergie

Das entscheidende Argument bei alledem ist, daß wir alles tun müssen, um eine rasche, dramatische Veränderung der globalen Verhältnisse zu vermeiden. Die sich in Gang befindliche Klimakatastrophe ist aber genau dies. So ist denn die Maxime, *daß wir unser Handeln an der Idee geschlossener Stoffkreisläufe orientieren müssen*, wiederum nur der Schluß aus der Erkenntnis, daß die raschen klimatischen Veränderungen vor allem durch die vom Menschen herbeigeführte Veränderung der Lufthülle entstehen. Diese Regel bleibt ein frommer Wunsch, solange wir unser wirtschaftliches Verhalten, unser Produzieren und Konsumieren künftig nicht *in und mit* der Natur gestalten, sondern wie bisher *gegen* die Natur ausrichten. Die Ökonomie muß zur Kenntnis nehmen, daß das menschliche Wirtschaften sich auf die natürlichen Verhältnisse auswirkt. Zwar gibt es keine rein ökonomischen Gründe z.B. gegen das Verbrennen des gesamten Ölvorrates der Erde in kurzer Zeit. Es ist in nicht allzu realitätsferner Phantasie auszumalen, daß ein Besitzer dieses Ölvorrates ein Interesse daran haben könnte, alles Öl noch zu seinen Lebzeiten zu verkaufen. Was aber aus rein ökonomischen Gründen als rational erscheint, muß noch lange nicht ökologisch rational sein. Denn weil ein solches, im engeren Sinne ökonomisch rationales Verhalten (der vollständige Verbrauch der Ressource unter der Kategorie der Nutzenmaximierung beispielsweise), keine Rücksicht auf die Entstehungs- und Folgebedingungen des Erdöls bzw. seiner Verbrennung nimmt, würde es somit natürliche Verhältnisse rasch und dramatisch stören. Nun sind solche natürlichen Verhältnisse oder Gleichgewichte in der Natur kein Wert an sich. Aber sie sind ein Wert in dem Sinne, daß ihre Mißachtung oder Zerstörung rasche, für die Menschen und für viele Arten unerträgliche Veränderungen in den Lebensbedingungen schaffen würde.

Daß endlich Nachhaltigkeit und Dauerhaftigkeit zu Grundbedingungen für eine Gesellschaft gehören, die keine dramatischen Veränderungen erträgt und der an der Fortexistenz der Menschheit gelegen ist, liegt auf der Hand. Der Grundgedanke von Nachhaltigkeit ist der der Permanenz: Es geht um die Sicherung der Lebensgrundlagen. Dies heißt aber noch lange nicht, daß damit an ein statisches und veränderungsfeindliches Konzept von Nachhaltigkeit gedacht ist. Die natürlichen Prozesse sind stets Veränderungsprozesse. Das Postulat auf Nachhaltigkeit geht aber von der menschlichen Wahrnehmung aus, daß es offenbar ohne tiefgreifende und kurzfristige Eingriffe des Menschen eine relative Stabilität in der natürlichen Entwicklung gibt, welche dem Menschen günstige Anpassungschancen läßt. Die Erfahrung lehrt, daß die sich ständig entwickelnde Natur ohne Eingriff des Menschen dem Menschen für sehr lange Zeitläufe Lebensmöglichkeiten offenhält.

Nachhaltigkeit meint also auch die Bewahrung einer Natur, die sich zwar entwickelt, die aber die Chance der qualitativen Anpassung des Menschen an diese Entwicklung beibehält. Darum ist es auch möglich, die Idee der Nachhaltigkeit wie folgt zu beschreiben: Sie soll den zukünftigen Generationen die Chance lassen, daß sie in einer uns vergleichbaren Weise ihre Anpassungsfähigkeit, Handlungsfähigkeit und Verantwortungsfähigkeit behalten. In diesem Sinne ist Autarkie ein mögliches Konzept einer solchen Nachhaltigkeit.

Der Mensch bringt nun in der Tat eine neue Dimension in die Natur ein. Er kann natürliche Prozesse ungemein beschleunigen und so das Tempo und die Intensität natürlicher Veränderungsprozesse massiv erhöhen, mit der Folge, daß die Konsequenzen für ihn unerträglich werden können, z.B. in Form von Klimakatastro-

I. Was ist und worin besteht das ökologische Problem?

phen. Nun hat aber derselbe Mensch von der Natur die Fähigkeit bekommen, über diese Sache nachzudenken. Wenn er das heute tut, dann nimmt er wahr, dass abrupte und tiefgreifende Veränderungen für ihn negativ sein können. Gleichzeitig kann er herausfinden, was er da falsch macht. Er beachtet zu wenig die Mechanismen der Natur, welche zur relativen Stabilität und zu den relativ langsamen natürlichen Veränderungsprozessen führen. Hier kann er korrigierend eingreifen, indem er seine Eingriffe in die Natur so gestaltet, wie es die Natur, z.B. in Form geschlossener Stoffkreisläufe, vormacht. Tut er das, dann verhält er sich nachhaltig.

Nachhaltigkeit zielt auf Vermeidung von abrupten, nicht akzeptablen und unerträglichen Zerstörungsprozessen sowie auf qualitative Dauerhaftigkeit von Lebensgrundlagen insbesondere für den Menschen, aber auch für andere Lebewesen. Nachhaltigkeit meint somit in erster Linie die Erhaltung einer relativen Stabilität, diese verstanden als langsamer Veränderungsprozeß mit der Chance zur Anpassung. Zur Nachhaltigkeit gehört auch, daß im Rahmen dieser relativen Stabilität Großrisiken und abrupte Zerstörungsmechanismen wie Kriege oder bestimmte technische Anlagen wie Atomkraftwerke vermieden werden und insofern gehört zur Nachhaltigkeit ebenso die moralisch-geistige Fähigkeit zur Vermeidung solcher Risiken. Ein solches Konzept von Nachhaltigkeit ist allerdings nur sinnvoll, wenn die relative Stabilität und das Vermeiden von abrupten Zerstörungen optimal vermittelt wird mit sozialen Anliegen, kulturellen Zielen und ökonomischen Notwendigkeiten, das heißt, wenn die Bedürfnisse der Menschen angemessen und gerecht gedeckt werden. Das Ziel von Nachhaltigkeit besteht also im Offenhalten der Chance, daß zukünftige Generationen in einer der unsrigen vergleichbaren Weise nach Erfüllung des Lebens streben können und verantwortungsfähig beziehungsweise handlungsfähig bleiben können.[25] Wir können also formulieren: wer die

---

[25] Insofern enthält der hier verwendete Begriff der Nachhaltigkeit einige Aspekte des Programms "Dauerhafte Entwicklung" gemäß dem Brundtland-Bericht: "Die Menschheit wäre durchaus in der Lage, die Voraussetzungen für eine dauerhafte Entwicklung zu schaffen; einer Entwicklung, die den gegenwärtigen Bedarf zu decken vermag, ohne gleichzeitig späteren Generationen die Möglichkeit zur Deckung des ihren zu verbauen." (Brundtland-Bericht, 1987, S. 9f.)

Oberziele im Sinne der Nachhaltigkeit will, muß die oben genannten operativen Strategien akzeptieren.

Wir haben damit zwei Grundelemente einer ökologischen Ethik genannt: eine Reihe von Oberzielen sowie eine Reihe von operativen Strategien. Eine dritte Reihe gehört aber noch hinzu, nämlich metapraktische Regeln, denen der Status zukommt, den Blick auf den Menschen zu wenden: ganz im Sinne der Überlegung, welche ethischen Haltungen durch Erziehung und Kultur zu vermitteln sind, damit die Strategien eingehalten und die genannten Ziele erreicht werden können. In einem nächsten Schritt müssen wir uns aber zunächst noch einmal eingehend der Frage widmen, wie es angesichts der weltweiten ökologischen Misere soweit kommen konnte? Zunächst also eine Konzentration der Analyse auf den Akteur oder Verursacher des ökologischen Problems.

II. Homo technicus: Der technisch handelnde Mensch als Verursacher des ökologischen Problems

Wenn wir das ökologische Problem als eines definiert haben, das in den für Lebewesen, vor allem für Menschen, nicht akzeptablen Folgen menschlicher Einwirkungen auf die Natur besteht, dann können wir diese Einwirkungen unschwer insbesondere im Umfeld der Technik vermuten. In der Tat ist es die Technik, die den Menschen in die Lage versetzt hat, massiv in die natürlichen Abläufe auf unserem Planeten einzugreifen.

Es kann, gerade vor dem Hintergrund des oben Festgestellten, keine Frage sein, daß die Technik den Menschen im Laufe der Geschichte stärker gemacht hat. Menschliche Fähigkeiten werden durch die Technik erhöht, verstärkt, verfeinert, präzisiert. Es sind wohl hauptsächlich zwei Bedürfnisse, denen die Entwicklung der Technik entgegenkommt: Das Bedürfnis nach Schutz und das Bedürfnis nach zivilisatorischer Erleichterung. Berücksichtigen wir die Bedrohtheit der Menschen durch die Natur in frühester Zeit, dann müssen wir dieses Schutzbedürfnis verstehen. Bedenken wir die Mühe z.B. des Transports und der Mobilität, zeigen wir wohl auch hier Verständnis für das Bedürfnis nach zivilisatorischer Erleichterung. Die Frage ist nur, ob wir Menschen durch die bisherige und zukünftig zu erwartende Technik nicht weit über das anfängliche Ziel hinausschießen?

Es gibt Anzeichen dafür, daß wir diese Frage uneingeschränkt bejahen müssen. So haben wohl alle Szenarien, welche mit der globalen Umweltbedrohung zu tun haben, auch etwas mit der Technik zu tun. Wir müssen heute annehmen, daß die Menschheit nur dann auf eine lange Lebensmöglichkeit hoffen dürfte, wenn sie in der Weise der Sammler und Jäger leben würde. Wir wissen heute, daß jeder menschliche Gebrauch von Energie die Entropie erhöht und damit die Tendenz zu energetischer Unordnung so fördert, daß irgendwann die Lebensbedingungen nicht mehr gegeben sein werden. Und wir müssen nach heutigen Erkenntnissen annehmen, daß der menschliche, eben der technische Umgang mit der Materie dem Entropiegesetz unterliegt.[26] Im Unterschied zur bisherigen Annahme der gesamten Ökonomie, wie sie auch Adam Smith oder Karl Marx vertraten, nämlich daß die menschlich-technische Bearbeitung der Materie einen Mehrwert schaffe, bringt diese eigentlich einen Minderwert mit sich: Die nicht von Menschen bearbeitete Materie ist die wertvollste; die Bearbeitung der Materie ist ein Akt der Zerstörung zukünftiger Lebensmöglichkeiten.

Man könnte dasselbe etwas anders sagen. Auch die Erwärmung der Erde, der Greenhouse-Effekt, die Abschmelzung des Polareises, das Ozonloch, all das hat hauptsächlich mit dem Menschen und seiner Technik zu.

Nach heutiger Erkenntnis können wir die Dinge drehen und wenden wie wir wollen: es ist absehbar geworden, daß nicht bloß das individuelle menschliche Leben, sondern auch die Lebenszeit der Menschheit begrenzt ist. Allerdings wäre dies auch ohne die massive Entwicklung der Technik der Fall, wobei dann die Zeitspanne für die Lebensmöglichkeit eine viel längere wäre.

Kehren wir nochmals zu unserer Ausgangsfrage zurück: Wir haben festgestellt, daß der Mensch durch die Technik stärker geworden ist. Diese Stärke zeigt sich auch in der veränderten Stellung des Menschen im gesamten biotischen System. Ein Indikator für diese Stärke ist die Zerstörung von Tier- und Pflanzenarten durch die technologisch orientierte Lebensweise des Menschen. Zwar sind 99% aller Arten, die bisher gelebt haben, bereits eines natürlichen Todes gestorben. Aber es kann nicht zur Freiheit einer einzigen Art, eben des Menschen, gehören, in so kurzer Zeit 10 - 25 % der anderen Arten auszurotten. Dies um so mehr nicht, als der Mensch sozusagen das jüngste Lebewesen, ein eben erst Angekommener in der Entwicklungskette ist und sich nun wie ein Wildgewordener aufführt. Dies kann auf keinen Fall fair oder gerecht sein.

Man kann mit Recht aber die Frage stellen, ob denn der Mensch nicht auch *für sich selbst* und die sinnvolle Gestaltung *seines* Le-

---

[26] Vgl. N. Georgescu-Roegen, 1987, S. 4 - 27.

bens zu groß und zu stark geworden ist? Wir wissen, daß die Menschheit in einem modernen Krieg ihre Lebensgrundlagen unwiederbringbar zerstört. Natürlich muß sich das nicht bewahrheiten. Aber nur schon das Eingehen dieses Risikos ist ethisch höchst fragwürdig. Wir müssen ja damit rechnen, daß immer wieder destruktive Kräfte über die Menschheit kommen werden. Theologisch ausgedrückt: Der Mensch ist ein sündiges Wesen, das, ausgestattet mit den Mitteln der modernen Technik, gefährlich werden kann. Es muß ja nicht bloß der Krieg sein. Wir müssen mit dem sündigen, auf jeden Fall nicht immer rationalen Wesen und Handeln des Menschen rechnen. Auch die Gewinnsucht könnte, z.B. im Bereich Atomtechnologie oder Gentechnologie, zu fatalen Ergebnissen führen. Daß eine andere Unzulänglichkeit des Menschen, seine Faulheit und Bequemlichkeit, bereits zu gewaltigen Schäden geführt hat, wissen wir nicht erst seit Tschernobyl. Wir haben allen Grund, die Fragilität des Menschen zu beachten, wenn wir ihn mit technischen Möglichkeiten ausstatten, welche unumkehrbar negative Auswirkungen haben können. Es müßte der ethische Grundsatz gelten, daß der Mensch keine Mittel gebrauchen und keine Zwecke verfolgen darf, welche für die unmittelbar folgenden Generationen nichtkorrigierbare negative Folgen haben könnten.

Im Bereich des Energiekonsums haben wir aber bereits den Rubikon überschritten, denn der Verbrauch fossiler Brennstoffe sowie die Anlagen zur Gewinnung von atomarer Energie bedrohen bereits zentrale Werte zukünftiger Generationen, teils real und teils im Sinne von unzumutbaren Risiken. Es ist unverantwortbar, solche Entwicklungen bzw. Risiken um eines zivilisatorischen Vorteils willen zu akzeptieren.

Spätestens an dieser Stelle drängt sich die Frage auf, warum denn wir Menschen dies alles bloß machen, wenn es doch nur destruktiv und problematisch sein soll, was im Gefolge des technischen Handelns herauskommt?

Nun, es bereitet natürlich keine Mühe, all die Vorteile und positiven Errungenschaften aufzulisten, welche durch die Technik möglich wurden und die Lebensqualität beträchtlich erhöht haben. Wir können an den schon erwähnten Kampf gegen die bedrohlichen Mächte der Natur erinnern. Wir denken an die echten Segnungen im

Kampf gegen Hunger und Armut, vor allem auch gegen Krankheit, Leiden und Behinderungen. Wir denken an die Erweiterung der Mobilität, an die Fortschritte in der Information und Kommunikation. So gesehen kommt der Entwicklung der Technik natürlich eine beträchtliche Plausibilität zu. Der Beweis dafür ist, daß diese Plausibilität die ganze Welt überzeugt und die technologische Kultur zum einzigen von der Weltgesellschaft als ganzes akzeptierten Modell des Lebens schlechthin geworden ist.

Allerdings scheinen auch die unbestreitbaren Vorteile im Lichte einer Ambivalenz, wenn wir vom Standpunkt der Lebensqualität aus urteilen. Für viele sind die mit technischen Produkten vollgeladenen Regale leer an Sinn: Information erschlägt sich selbst, Mobilität wird zur sinnlosen Manie. Und sowohl Information wie Mobilität produzieren Einsamkeit und Isolation, etwa abzulesen am weltweit siegreichen Walkman und seinen Nachfolgern. Die technologischen Erleichterungen wie Auto, Rolltreppe, Lift und Rasenmäher führen zu gesundheitlichen Zivilisationsschäden. Die technische Vermittlung von Naturkontakten führt zu Leere und Unverständnis gegenüber der Natur. Die weltweite technisch abgestützte Penetration, z.B. im Tourismus, führt zu Identitätskrisen, zur Zerstörung von Kulturen und Traditionen. Und auch mit der weltweiten Verteilung der Segnungen der Technik steht es nicht zum besten. Blicken wir auf die Mängellisten in der Beschreibung der Leistungen der Technik zurück, dann können wir verstehen, warum es in manchem Zukunftsmodell immer auch ein Szenario gibt, das sich an Stichworten wie Verweigerung, Ausstieg, Umkehr, Sanftheit etc. orientiert.

Die Ohnmacht der Anhänger solcher Szenarien demonstriert gerade noch einmal eine Schwäche der Technik: ihre Weiterentwicklung ist offenbar zwangsläufig, unbeeinflußbar, undemokratisch. Und trotzdem, die große Verweigerung gegenüber der Technik ist kein echtes Zukunftsszenario: einmal ist es schlechterdings undurchführbar, wohl auch nicht wünschbar, da voller Risiken und voll von potentiellem Leiden, das wir bereits hinter uns wähnten.

Zwar hat Hans Jonas zu recht die Frage aufgeworfen, ob nicht die Technik ein apokalyptisches Potential bereitstelle, das den

Fortbestand der Menschheit gefährden könne[27], wir müssen aber vorsichtig sein mit Spekulationen über einen vermeintlich bevorstehenden Untergang der Menschheit. Allzuoft wurde er schon prognostiziert - nicht selten eben zur Bemäntelung handfester Interessen. Im Anschluß an Malthus hat man den Untergang infolge von Nahrungsmangel erwartet; im 19. Jahrhundert war es die Furcht vor der Verschlechterung des menschlichen Genpools durch den ethischen Schutz des Schwachen. Im 20. Jahrhundert folgte die Furcht vor dem totalen Atomkrieg. Heute bewegt uns die Aussicht auf eine ökologische Katastrophe und eben auch die Gefährdung des Fortbestands der Menschheit durch die Technikentwicklung.

Haben wir wirklich Gründe genug für ein Ernstnehmen der Technologieentwicklung als einer apokalyptischen Gefahr? Die bisherige Geschichte der Wahrnehmung solcher Gefahren rät zu kritischer Vorsicht.

Aus heutiger Sicht sind menschheitsgefährdende Katastrophen durchaus denkbar. Die Gefahr eines Atomkrieges haben wir bereits erwähnt. Atomunfälle im zivilen Bereich - Unfälle zumal mit nicht abschätzbaren Folgen - gab es bereits mehrfach und es steht zu befürchten, daß Harrisburg, Sellafield und Tschernobyl nur die Spitzen des Eisberges waren. Die Veränderung der Lebensbedingungen auf unserem Planeten durch technische Eingriffe können dramatisch sein. Auch die Gentechnologie eröffnet ein nicht abschätzbares Gefahrenpotential.

Unterhalb dieser Ebene totaler Gefährdungen der Menschheit durch die Technik gibt es eine Ebene der Gefahren mit unerträglichen Folgen für die Menschheit: Verarmungsprozesse mit Gewaltfolgen, Weltwanderung infolge der Zerstörung von Lebensgrundlagen und Ressourcen, rasche Klimaveränderungen, gesundheitliche Probleme wie z.B. fortschreitende Schwächung des menschlichen Immunsystems. Alle diese möglichen Gefahren und Risiken haben mit direkten und indirekten, mit intendierten und nichtintendierten technischen Prozessen zu tun.

Selbst wenn wir von den genannten Gefahren nur in der Kategorie des möglichen Risikos, nicht in der Kategorie der sicheren Pro-

---

[27] H. Jonas, 1987, S. 87.

gnose, reden können, die Bedenken bleiben auch so. Können wir es noch als normal bezeichnen, wenn die Technik, die im Namen der Rationalität angetreten ist, ausmündet in eine gigantische und zerstörerische Irrationalität? Die heute wahrnehmbare und prognostizierbare Entwicklung zeugt mindestens von einer tiefgreifenden Orientierungskrise des Menschen in bezug auf sein Handeln auf diesem Planeten.

Nun könnten wir sozusagen zur Tagesordnung übergehen und argumentieren: ‹Jede Art geht auf irgendeine Weise zugrunde, die eine, weil sie zu groß, die andere, weil sie zu expansiv geworden ist. So geht der Mensch eben an seinem Geist zugrunde, an seiner Fähigkeit zur permanenten technologischen Innovation. Was soll's?› Nur, diese Feststellung ist - wie wir oben gezeigt haben[28] - aus ethischer Sicht nicht akzeptabel, weil sie verbunden ist mit für Mensch und Natur unerträglichem Leiden. Nur schon die Möglichkeit, nur schon das Risiko, auf die genannten Gefahren zuzusteuern, ist nicht akzeptabel. Es besteht also ein dringender Handlungsbedarf, denn, wie gesagt, aus ethischer Sicht sind weder die schleichende Zerstörung der Lebensgrundlagen zukünftiger Generationen noch die möglichen unerträglichen Leiden infolge von Systemzusammenbrüchen, Weltwanderungsströmen, sozialen und ökonomischen Krisen im Weltmaßstab akzeptabel.

Beschäftigen wir uns sinnvollerweise also mit der analytischen Frage, wie wir verstehen können, daß es so weit gekommen ist. Diese Frage soll in vier Schritten aufgearbeitet werden.

1. Der Mensch will hoch hinaus. Nicht nur, daß er sich auf die hinteren zwei von vier Beinen gestellt und den Kopf hochgestreckt hat. Mit diesem Kopf will er wissen, was die Welt im Innersten zusammenhält. Der Mensch ist begierig auf Wissen und Erkenntnis. Programmatisch drückt Aristoteles dies mit dem ersten Satz seiner Metaphysik aus: "Alle Menschen streben von Natur nach Wissen."[29] Es ist sicher der Eintrag des griechischen Geistes in die Weltgeschichte, daß als höchste Stufe des Menschseins ein zweck-

---

[28] Siehe oben S. 15f; 19f.
[29] Aristoteles, Metaphysik, 980a21.

II. Homo technicus als Verursacher des ökologischen Problems

loses Erkennen, eben die Theorie, zu gelten hat.[30] Diese Theorie erhebt sich über andere Stufen des Menschseins, auf jeden Fall in den Entwürfen der griechischen Polis, wobei wir die beiden anderen Stufen mit Hanna Arendt einmal mit *animal laborans*, das mit der Sorge um die Sicherung des biologisch Notwendigen beschäftigt ist und sodann mit *homo faber* bezeichnen können, eben jenem Wesen, das das technisch Herstellbare repräsentiert.[31] In der ‹reinen› Theorie allerdings die Dinge erforschen und erkennen, das galt im Umkreis der griechischen Polis als die höchste Stufe des Menschseins. Interessant ist, daß der frühe Sokrates diesem Pathos der theoretischen Neugierde bereits mit dem lapidaren Einwand begegnet ist, diese Theoriesucht lenke ab von den notwendigen Dingen im menschlichen und sozialen Alltag. Hier blitzt also schon ein Gedanke auf, der uns angesichts der modernsten Technologie überkommen kann. Lösen wir eigentlich die Probleme, die wir haben oder schaffen wir mit der Technologie Antworten auf Probleme, die wir eigentlich nicht haben?

Nun, das Pathos der Neugierde hat gesiegt, die Theorie blieb das Höchste, das Erstrebenswerte. Allerdings, das Christentum legte sich dann für 1500 Jahre wie ein Frost auf diese Theoriesucht. So wird "die curiositas von Augustin endgültig dem Lasterkatalog eingefügt."[32] Sie galt ihm als das selbstsüchtige und eitle Erkennenwollen der Offenbarung und der Allmacht Gottes.[33] Das war der Auftakt zur sogenannten mittelalterlichen Reaktion, das heißt zur Desavouierung der theoretischen Neugierde und des forschenden Wissensdrangs aus theologischen Gründen. Wohl stand die Überzeugung dahinter, daß das tiefste Wissen über die Offenbarung und

---

[30] Vgl. hierzu die drei Gleichnisse in den platonischen Dialogen: Das Sonnengleichnis, das Liniengleichnis und das Höhlengleichnis, in: Platon, Der Staat, VI 506b-509b, VI. 509c-511e sowie VII 514aff .

[31] Vgl. H. Arendt, 1992, v.a. S. 78ff, 107-115, 131-145, 202-214 u.ö.

[32] H. Blumenberg, 1988, S. 121. Vgl. auch das gesamte Kap. V: Aufnahme der Neugierde in den Lasterkatalog. S. 103-121. Vgl. dazu die kritische Auseinandersetzung in: H. Augustinus Obermann, 1974, S. 9 - 11 u. S. 13 - 18.

[33] In seinen Bekenntnissen äußert sich Augustin über Gott: "Du ... lässest Dich nicht finden von den Hochfährigen, mögen sie auch mit dem Eifer der Kennerschaft [curiosa peritia] die Sterne zählen und den Sand, die Himmelsräume ausmessen und nach den Bahnen der Gestirne spüren." Zit: Augustinus, Confessiones, V 3,3; S. 195.

die Allmacht Gottes eben Sache dieses Gottes und nicht Sache des Menschen sei. Der Mensch galt als der Erhellte, der das Ganze der Erhellung, das Licht, nicht aus sich selbst hervorzubringen vermochte - auch nicht in Form *reiner Theorie*. Verbot der Neugier im Mittelalter, das hört sich einerseits finster an, andererseits sollten wir uns heute fragen, ob dieses Verbot nicht als eine respektable Einsicht in die Gefahren einer entfesselten Neugierde gelesen werden kann.

Im Ausgang des Mittelalters flammte dann die Neugierde umso stärker auf, wie das Nietzsche eindrücklich beschrieben hat: "Die lange Unfreiheit des Geistes, der mißtrauische Zwang in der Mittheilbarkeit der Gedanken, die Zucht, welche sich der Denker auferlegte, innerhalb einer kirchlichen und höfischen Richtschnur oder unter aristotelischen Voraussetzungen zu denken, der lange geistige Wille, alles, was geschieht, nach einem christlichen Schema auszulegen und den christlichen Gott noch in jedem Zufalle wieder zu entdecken und zu rechtfertigen, - all dies Gewaltsame, Willkürliche, Harte, Schauerliche, Widervernünftige hat sich als das Mittel herausgestellt, durch welches dem europäischen Geiste seine Stärke, seine rücksichtslose Neugierde und feine Beweglichkeit angezüchtet wurde".[34]

Die rücksichtslose Neugier war von nun an im Gange, unbegrenzt, weil letztlich mit göttlichem Pathos angereichert. So nennt Bacon das Erkennen eine von Gott zum Wachsen gebrachte Pflanze.[35] Erkenntnis und Neugier treten vom Lasterkatalog ab und übernehmen sofort die Spitze des Tugendkatalogs.[36]

Drei Dinge sind für den Beginn der Neuzeit festzuhalten. Einmal: das Pathos der Theorie, des Wissens, der Neugier aufersteht. Zweitens: dieses Pathos erfährt allerdings eine folgenschwere Übertragung. Das Pathos, das bei den Griechen vornehmlich der auf *reines Erkennen* gerichteten Theorie galt, wird nun plötzlich auf den Bereich der technischen *Anwendung* übertragen. Gegenstand des von diesem Pathos getragenen Erkennens ist nicht mehr die Frage,

---

[34] F. Nietzsche, 1980, S. 109.
[35] Zit. nach H. Blumenberg, 1988, S. 197.
[36] Vgl. den interessanten Versuch der kritischen Reformulierung des Bacon-Programms in L. Schäfer, 1993.

was die Dinge wirklich sind, z.B. in der Geometrie oder Astronomie, sondern wie man etwas zum Funktionieren bringt. Nicht mehr *was ist es*? sondern das: *wie funktioniert es*? wird zum Motor der Neugier, aber eben immer noch auf der Höhenlage angeblich zweckfreier Erkenntnis. Die Wissenschaft hat also das Renomee einer reinen Erkenntnis hinübergerettet in die Niederungen der modernen Welt, wo es nicht mehr um das reine Sein, sondern um das aus technologischer Perspektive optimale Funktionieren eines Systems geht. Doch gleichwohl ist die Freiheit der Forschung, auch wenn Forschung schlicht zur *Anwendungsforschung* und *Technologie* geworden ist, unangreifbar weil gottähnlich geblieben. Vermutlich blieb ein im Grunde religiös motiviertes Pathos der implizite Legitimationsgrund der menschlichen Neugierde, des menschlichen Strebens nach ‹höherer› Erkenntnis.

Und noch ein drittes Moment, das die Neuzeit fundamental verändert hat, sollte hier Erwähnung finden: der Mensch ist das einzige Lebewesen, das hinter die Phänomene schauen kann, indem es die grundlegenden Gesetze der Natur, sozusagen die unsichtbaren, den Sinnen entzogenen Ursachen erkennt und sofort technologisch umsetzt. Die entscheidende Rolle in diesem Zusammenhang dürfte das Fernrohr gespielt haben: kein Zufall, denn die Neugierde geht ja auch über das Auge.

Die Rolle des Fernrohres - analoges wäre zum Mikroskop zu sagen - war überragend bei fast allen Architekten der Neuzeit. Zu nennen sind etwa Kopernikus, Leonardo da Vinci, Galilei und Kepler.[37] Das Besondere am Fernrohr bestand - unter forschungspolitischen und forschungshistorischen Aspekten betrachtet - darin, daß es zunächst als bloßes Mittel zur reinen Erkenntnis des Seins erschien, sich also auf der Höhenlage des griechischen Erkenntnispathos bewegte. Was dann aber herauskam, veränderte die ganze Erde und machte sie dem Menschen untertan. Denn erkannt wurde, daß jetzt auch der Mensch, nicht bloß Gott, die bisher nicht einsehbaren Bereiche der Welt überblicken kann. Dieses "Sichtbarkeitspostulat ... negiert jeden Gedanken, dem Menschen nur eine beschränkte Ansicht der Welt zu eröffnen und deren Erhabenheit im

---

[37] Vgl. die Darstellung von A. C. Crombie, 1977, hier v.a. S. 398-452.

Unzugänglichen eines göttlichen Vorbehaltsraumes zu denken."[38] Erkannt wurde weiter, daß die Erde nicht der Mittelpunkt des Kosmos ist. Vor allem aber wurde die gesetzmäßige Ordnung jener Bewegungen erklärt.[39] Damit war der Anfang für die wohl folgenschwerste Fähigkeit des modernen Menschen gemacht: er ist in der Lage, grundlegende Naturgesetze, die hinter den Phänomenen wirken, zu erkennen und sie für sein Handeln, sprich Technik, dienstbar zu machen. So sah denn auch Kepler im Fernrohr das Symbol für die Herrschaft des Menschen über die ganze Welt - was natürlich nicht heißen soll, daß dieses an der Entwicklung der neuzeitlichen Technik ursächlich beteiligt war. Mit dem Wissen um allgemeine, grundlegende Naturgesetze konnte der Mensch damit beginnen, die Welt technologisch umzugestalten und zu beherrschen, allerdings unter Inkaufnahme eines Mankos, das uns heute bedroht: Technik ist immer selektive Anwendung von Naturgesetzen unter Ausblendung insbesondere der Fragen nach Sinnorientierung, sozialer Bedeutung und individuellem Schicksal. Mit Hilfe der Technik überspringt der Mensch den phänomenal-individuellen Bereich und bewegt das Ganze, aber ohne Rücksicht auf das Einzelne und den Sinn des Ganzen. Mit der Ausrichtung auf die Frage: wie *funktioniert* es? entledigen sich Wissenschaft und Forschung der Frage nach der ganzen Wahrheit bzw. nach dem Sinn des Ganzen. Die Erkenntnis wird funktionalisiert und pragmatisiert. Die angewandte Forschung interessiert sich weder für das Sein, noch das Ganze, noch den Sinnzusammenhang. Sie interessiert sich für die technologische Umsetzung singulärer Erkenntnisse in die Praxis.

Das eigentlich Problematische dabei ist der Verzicht auf die reine Erkenntnis der Wahrheit. Denn durch diesen Verzicht wird die Entwicklung von Forschung, Wissenschaft und Technologie der Kontrolle der regulativen Idee der Wahrheit entzogen und gerät so in den Bannkreis anderer Einflüsse: zunächst in den des technologisch Machbaren, dann in den Bannkreis des für den Menschen vordergründig Wünschenswerten, z.B. einer zivilisatorischen Erleichte-

---

[38] H. Blumenberg, 1981. S. 731.
[39] Vgl. Copernicus, 1990, hier besonders ‹De revolutionibus Orbium Caelestium liber primus, Caput X, S. 125 - 139.

rung, dann aber ganz besonders in den Bannkreis von Macht und Interessen sowie ökonomischer Gesetzmäßigkeiten.

Die Fähigkeit von uns Menschen, denkerisch hinter die Phänomene zu steigen und grundlegende Gesetzmäßigkeiten zu erkennen, bedarf nochmals einer vertiefenden Analyse. Wir Menschen erkennen kraft unseres Denkens, unserer Sprache, unseres Gedächtnisses, vor allem aber der jahrhundertelangen Akkumulation eines kollektiven Gedächtnisses, grundlegende Naturgesetze. Deren Kenntnis befähigt uns zu ungeheuren Erkenntnissen, Konzepten und Systementwürfen. Kein anderes Lebewesen ist in der Lage, in dieser Weise die Erfahrungen der Erlebnis- und Erkenntniswelten zu akkumulieren. Wir Menschen können das, denn wir bauen auf dem früher Erkannten auf und erkennen tiefgreifende Gesetzmäßigkeiten, mit denen wir die Welt bewegen. Kraft unserer Denk- und Sprachmöglichkeit und deren Akkumulation in der Geschichte können wir Menschen mit dem Denken die individuelle biographische Begrenztheit übersteigen, vielleicht überlisten und Einblick gewinnen in eine Art Ewigkeitswelt, nämlich in die Welt der Gesetzmäßigkeiten, welche die Welt im Innersten zusammenhalten.

Damit sind wir aber dann auch als einzelne, als Individuen und in einer bestimmten Epoche lebende Gruppen konfrontiert mit Erkenntnissen und Fähigkeiten, welche unsere biographische Einmaligkeit und Begrenztheit weit übersteigen. Wir sind als Sterbliche ausgestattet mit einer Art Ewigkeitswissen, das uns erlaubt, die Welt tiefgreifend zu verändern.

Welche Entwicklung wir heutigen Menschen hinter uns gebracht haben, wird uns vielleicht deutlich, wenn wir uns vorstellen, ein Mensch von heute würde sich in Athen mit einem Menschen aus der Zeit Platos unterhalten. Vermutlich könnten die beiden vergleichbare Erfahrungen austauschen, mindestens im Hinblick auf Essen, Sport, Sexualität oder Handfertigkeit. Der gewaltige Entwicklungsschub würde aber dort sichtbar, wenn der Mensch von heute dem Athener von Computern, Autos und Gentechnologie berichten würde![40]

---

[40] Vgl. die höchst amüsanten, gleichwohl nachdenkenswerten Ausführungen von L. de Crescenzo, 1987, S. 73 - 87 u. S. 201 - 208.

2. Fragen wir nun nach der Gefährlichkeit des Denkbaren. Grundsätzlich können wir sie in der Spannung zwischen dem Ewigkeitswissen des Menschen und seiner Sterblichkeit, Befristetheit, ja auch seiner Mentalität sehen, die vielleicht die menschliche Killermentalität geblieben ist. Was wird der wenig rationale Mensch mit dem hochrationalen Wissen anfangen?

Die besondere Gefahr liegt wohl auf der allgemeinen Ebene im Problem der Anpassung des Ewigkeitswissens an die Emotionalität des Menschen in dieser unglaublich kurzen Zeit. Wir haben allen Grund zu bezweifeln, daß der Mensch mit seinen in Jahrtausenden eingespielten Gewohnheiten und Reflexen emotional angemessen auf die neuen Möglichkeiten reagieren kann. Auch fehlt dem Menschen das praktische Vorstellungsvermögen hinsichtlich der Folgen. Selbst wenn er die Probleme und Folgen wahrnehmen wollte: Großsysteme schirmen ihn von den Wahrnehmungen ab.[41] Überhaupt hat er die Entwicklungssteuerung aus der Hand gegeben: Systemzwänge regieren, Wirkungen sind global und irreversibel und es sind keine einzelne Verantwortungssubjekte mehr auszumachen. Man könnte auch sagen: Die Individualität des Menschen wird hoffnungslos überspielt.

Drei Ebenen, auf denen die Gefährlichkeit des Denkbaren zu benennen ist, sollen hier thematisiert werden:

a) Die Ebene der psychischen, sozialen und kulturellen Überforderung durch das Denkbare. Als Beispiele wären zu nennen: die totale Kommunikation oder die fortschreitende Überalterung: niemand will mehr sterben. Weiter: das ungeheure Wissen des Menschen, das der Mensch nicht verkraften kann, beispielsweise im Hinblick auf gentechnologische Diagnosemöglichkeiten.[42] Andererseits können wir auch von einem Defizit an Wissen reden: wir wissen heute nicht mehr, wie die Welt morgen aussehen wird, weil sie sich sehr rasch verändert. Der weltweite Fundamentalismus ist z.B. ein Ausdruck dieser Überforderung.

b) Die Ebene der Gefährdung der Lebensgrundlagen. Hier ist

---

[41] Beispiele hierzu s. u., Kap. III, S. 55 - 66.
[42] Vgl. H. Ruh, 1989, S. 2080-2083.

daran zu denken, daß der Mensch durch die neuen Mittel kurzfristig tiefgreifende Veränderungen, z.B. hinsichtlich Weltklima, Artenvielfalt, Energiekonsum, stoffliche Zusammensetzung der Erdhülle etc. bewirken kann, deren Folgen für ihn, mangels Anpassungszeit, fatal, ja tödlich sein können. Scheinbar kann der Mensch durch die Technik die Evolution überlisten. Die Frage ist nur, ob er die raschen Veränderungen überstehen wird. Der Kern des ökologischen Problems aus der Sicht des Menschen ist vermutlich in diesem Zusammenhang zu sehen: Die Menschen können emotional, psychologisch, sozial, kulturell und politisch die von ihnen bewirkte rasche Veränderung der natürlichen globalen Verhältnisse nicht verkraften. Pointiert ausgedrückt: Der Mensch zerstört durch die Anwendung physikalischer Naturgesetze die bestehende Ordnung der Natur!

c) Die Ebene der Verwundbarkeit des Gesamtsystems. Durch die moderne Technologie sind Systemzusammenbrüche gewaltigen Ausmaßes möglich. Durch das Risikomanagement immunisieren wir uns weitgehend gegen die Wahrnehmung des Risikos, dessen Eintreten wir aber in Tat und Wahrheit nur herausschieben und dessen Folgen umso größer werden. Solche Systemzusammenbrüche, etwa im Zusammenhang mit Energiegewinnung oder mit der Produktion gefährlicher Güter, können auch zur Gefährdung der Lebensgrundlagen werden.

3. Gehen wir einen Schritt weiter und diskutieren die Frage, ob es eigentlich so sein muß, daß die technologische Fähigkeit des Menschen ein Katastrophenpotential mit sich bringt. An dieser Stelle des Gedankenganges könnte uns ein Unbehagen beschleichen, wenn wir ernsthaft fragen, wo denn eigentlich das bedrohliche Zerstörungspotential liegt? Liegt es wirklich am Denken, bzw. am Denkbaren? Wo liegt der Webfehler? Sind wir denkenden Menschen nicht in der Lage, kraft unseres Denkens auch die Folgen des Denkbaren einzubeziehen? Sind wir wirklich nicht fähig zu einer ganzheitlichen Rationalität? Beweisen die Modelle der Technikfolgenabschätzung, beispielsweise zur strengen Prüfung neu eingeführter Medikamente oder die sorgfältig reflektierten und ausgearbeiteten ethischen Richtlinien der Akademie der medizinischen

Wissenschaften nicht gerade das Gegenteil? Zeigen diese Beispiele nicht, daß wir sehr wohl bedenken können, was beispielsweise die Folgen der Verbrennung fossiler Stoffe sein werden und daß wir bedenken können, was das Aufreißen von Stoffkreisläufen für das Klima und somit für die Zukunft bedeutet? Wir können eines hier mit Sicherheit festhalten: Das Denkbare bewirkt zwar eine tiefgreifende Veränderung des Lebens, aber wir sind durchaus, wenn wir wollen, in der Lage, die Folgen des Denkbaren in das Denkbare denkerisch einzubeziehen. Das Katastrophenpotential ist also nicht das Denkbare an sich. Die denkerische Fähigkeit des Menschen, das Denkbare zu denken, schließt nämlich die Fähigkeit in sich, denkerisch die Katastrophe zu verhindern. Mit anderen Worten: Das Gefährliche am Denkbaren darf nicht dem Denken angelastet werden.

Wir können es auch so ausdrücken: Wir wissen ziemlich genau, was wir tun, wenn wir die fossilen Brennstoffe verbrennen - wir wissen auch um die Folgen. Und wenn wir die Folgen nicht genau wissen, dann wissen wir wenigstens, daß wir nichts tun sollten, dessen Folgen wir nicht wissen.

Wenn der Samen zur Zerstörung also nicht im Denken oder im Denkbaren an sich liegt, wo liegt er dann? Vier Ebenen für eine Beantwortung dieser Frage seien hier näher beleuchtet.

a) Das nicht-radikale, nicht-ganzheitliche, halbierte Denken. Das Wahrheitsideal der westlichen Wissenschaft konzentriert sich auf die Frage: funktioniert es? und blendet zu rasch die Frage: was ist es eigentlich? aus. Die These sei gewagt, daß sich die menschliche Erkenntnis, nicht zuletzt im Bereich der Naturwissenschaften, zu wenig radikal an der regulativen Idee der Wahrheit orientiert hat. Wären wir einem Wahrheitsideal verpflichtet, das immer auch den kommunikativ-mitmenschlichen, mitgeschöpflichen und ganzheitlichen Aspekt beachten würde, dann entfiele die zerstörerische Kraft des Denkbaren.

b) Die pragmatisch-utilitaristische Präferenz für das, was wir als Denkbares denken wollen. Die Konzentration des Denkens auf einen Gegenstand ist nicht Ausfluß des Denkens selbst, sondern sie wird sozusagen außengesteuert. Diese Außensteuerung ist zumeist utilitaristisch orientiert: Wir denken das, von dem wir vermuten, daß es uns nützt.

Was wir hier ansprechen, ist die utilitaristisch-pragmatische Verkürzung des Denkens. Natürlich macht auch der utilitaristische Aspekt Sinn. Aber er darf sich nicht anmaßen, sich an der Wahrheit orientieren zu wollen. Die Orientierung an der unpragmatischen Wahrheit muß dem Pragmatismus vorausgehen.

c) Die Unfähigkeit des Menschen, das zu tun, von dem er weiß, daß er es tun sollte; oder die unendliche Fähigkeit des Menschen, mit inneren Widersprüchen zu leben. Seit der Antike gehört es zum menschlichen Verhalten, das als richtig Erkannte nicht zu tun. Zwischen Denken und Handeln klafften schon immer Abgründe.

Im Grunde genommen ist und bleibt es ein Rätsel, warum der Mensch so wenig in der Lage ist, das im Denken als richtig und wahr Erkannte in sein Handeln zu übersetzen. Insbesondere warum der Mensch einerseits die Gefahren benennen kann, andererseits in seinem Alltagshandeln so verfährt, als ob er nie von den Gefahren, die er selbst erkennt und benennt, gehört hätte.

d) Im Ansteigen des Gewaltpegels in der modernen Gesellschaft sowie in der erhöhten Bereitschaft, die Verwundbarkeit des Systems mit Gewalt auszunützen, beispielsweise für terroristische und kriminelle Zwecke, liegt ebenfalls der Samen zur Zerstörung; zumal vor dem Hintergrund eines Zerfalls von althergebrachten, in den Kulturen segmentierten Vertrauensstrukturen.

Das Produkt solcher Entwicklungen trägt alle Merkmale dessen, was wir als Einflußfaktoren aufgezählt haben: Theorielosigkeit, Sinnlosigkeit, Macht- und Interessenorientierung, ökonomische Effizienz. Neben all dem Guten, das eine solche technologische Entwicklung der Menschheit gebracht hat, sind die eingangs genannten Gefahren und Risikopotentiale aufzurechnen: Die Bedrohung der Lebensgrundlagen, der Sinnverlust, die destruktive Kraft der Technik. Damit stehen wir vor einem vierten Komplex, der hier thematisiert werden soll:

4. Ist der Forschungszwang des Menschen überhaupt lenkbar? Daß Handlungsbedarf besteht, wurde nun offensichtlich. Die Frage ist, ob überhaupt Eingriffsmöglichkeiten gegeben sind oder ob die Mischung aus Forschungstrieb, Egoismus und Eigengesetzlichkeit unabänderlich ihren Entwicklungspfad selbst sucht?

Man kann davon ausgehen, daß es sinnlos wäre, einen Verzicht auf Forschung und Technik zu fordern. Hingegen könnte es sinnvoll sein, das Postulat auf ein radikaleres Erkennen und Forschen aufzustellen. Das heißt, wir könnten den Versuch machen, den wissbegierigen und forschenden Menschen dort aufzusuchen, wo sein Herz schlägt und ihn damit auf ein wirklich radikales Denken und Forschen hinweisen. Wenn dieser Weg im folgenden beschritten wird, dann immer zur Begründung der beiden Hauptthesen, die das Zentrum dieser Überlegungen bilden:

a) Wissenschaft und Forschung, auch und gerade angewandte, in technisches Handeln umgesetzte Forschung, soll sich wieder orientieren an der Idee der ganzen Wahrheit.

b) Herkommend von einer solchen radikalen Hinwendung zur regulativen Idee der Wahrheit soll sich angewandte Forschung, sprich Technologie, konzentrieren auf Strategien, welche die Zerstörung der Lebensgrundlagen sowie letztlich der Erkenntnis selbst vermeiden.

ad a) Die Krise der Technologie im Sinne der Bereitstellung eines Zerstörungspotentials ist zutiefst eine Krise der Wissenschaft und des Erkennens selbst. Carl F. von Weizsäcker hat einmal auf diesen Sachverhalt in lapidarer, aber unübertrefflich knapper Weise hingewiesen:[43]

- Der Grundwert der Wissenschaft ist die reine Erkenntnis.
- Eben die Folgen der reinen Erkenntnis verändern unaufhaltsam die Welt.
- Es gehört zur Verantwortung der Wissenschaft, diesen Zusammenhang von Erkenntnis und Weltveränderung zu erkennen.
- Diese Erkenntnis würde den Begriff der Erkenntnis selbst verändern.

Die Wissenschaft, gerade auch die Naturwissenschaft, ist erst dann erwachsen, wenn sie ihre Verantwortung im Zusammenhang von Erkennen und Weltveränderung wahrnimmt. Deshalb gehört es zur Verantwortung gerade des Naturwissenschaftlers, daß er den Zusammenhang zwischen Erkenntnis und Naturveränderung thematisiert.

---

[43] Vgl. C. F. v. Weizsäcker, 1980, S. 34.

Wenn Wissenschaft und Forschung von der regulativen Idee der Wahrheit abrücken, dann werden sie zum Spielball von Zufällen und Interessen. "Unter den Bedingungen einer solchen Veranstaltung gerät Wissenschaft als Idee ... selbst zu einem kontingenten Faktum, d.h. zu einem Produkt historischer (und interessegeleiteter) Verhältnisse."[44] Oder noch einmal mit den Worten von Jürgen Mittelstraß ausdrückt: "Ohne radikale Orientierung auf Wahrheit gerät sie unter den Einfluß gesellschaftlicher Verblendungszusammenhänge".[45]

Die Wissenschaft, auch als angewandte, muß sich an der regulativen Idee der Wahrheit ausrichten, zu der auch die umfassende Orientierung des Menschen in der Welt, also auch die Sinnorientierung, gehört. Die Idee der Wissenschaft und die Idee der Wahrheit sind letztlich moralisch, und zwar so, wie Kant das formuliert hat: als Annäherung an die Idee des Vernunftwesens, "die uns von Natur auferlegt ist".[46]

Mit anderen Worten: Wir müssen abrücken von der pragmatisch-utilitaristischen Präferenz, die wir der Erkenntnis unterstellen. Und wir müssen uns hinwenden zu einem Wahrheitsideal, das ganzheitliche Aspekte wie den ethischen und kommunikativ-mitmenschlichen sowie den geschöpflichen Aspekt bedenkt. Nur so läßt sich die tödliche Gefahr, auch für die Erkenntnis selbst, vermeiden, die der Philosoph Georg Picht so eindrücklich beschrieben hat.[47] Wir sollten uns also nicht mehr nur leiten lassen von der Idee, wie wir als Menschen die Natur abfragen können zu unseren Gunsten. Naturerkenntnis sollte sich orientieren an der *Idee des Verständnisses* der Natur. Zu einem solchen ganzheitlich-radikalen Denken gehört auch das Bemühen, die Wirklichkeit unter allen möglichen Aspekten, nicht nur unter dem Aspekt ausgewählter Ausschnitte, zu verstehen.

ad b) Zur Frage nach einer Technologie, welche sich radikal an der Idee der Wahrheit orientiert. Eine solche Technologie muß im we-

---

[44] J. Mittelstraß, 1982, S. 23.
[45] A.a.O., S. 24.
[46] Zit. nach J. Mittelstraß, 1982, S. 23.
[47] G. Picht, 1989, S. 80.

sentlichen zwei Anforderungen genügen: sie muß schwerwiegende Folgen oder Nebenfolgen vermeiden und sie muß sich auf Produkte, Materialien oder Anwendungen konzentrieren, welche die Lebensgrundlagen erhalten und Lebensqualität ebenso wie Lebenssinn vermitteln.

Der ersten Anforderung genügt eine Technikfolgenabschätzung, welche nicht mehr nur im Nachhinein - wenn das Malheur nicht mehr zu verhindern ist - nach möglichen schädlichen Wirkungen fragt, sondern welche die Prinzipien der Technikfolgenabschätzung bereits in das technologische Entwicklungskonzept integriert. Postuliert wird also so etwas wie eine *präventive* Technikfolgenabschätzung. Solche und ähnliche Forderungen finden sich bereits in mehreren Ethik-Kodizes zur Technik, beispielsweise: "Technikbewertung bedeutet hier das planmäßige, systematische, organisierte Vorgehen, das

- den Stand einer Technik und ihre Entwicklungsmöglichkeiten analysiert;
- unmittelbare und mittelbare technische, wirtschaftliche, gesundheitliche, ökologische, humane, soziale und andere Folgen dieser Technik und möglicher Alternativen abschätzt;
- aufgrund definierter Ziele und Werte diese Folgen beurteilt oder auch weitere wünschenswerte Entwicklungen fordert;
- Handlungs- und Gestaltungsmöglichkeiten daraus herleitet und ausarbeitet;

so daß begründete Entscheidungen ermöglicht und gegebenenfalls durch geeignete Institutionen getroffen und verwirklicht werden können."[48]

Ein erster Schritt könnte sein, daß solche oder ähnliche Kodizes in der Ingenieurausbildung zum Zuge kommen und in der Aus- und Weiterbildung in den Unternehmen vertieft werden. Der Erfolg ist zwar, wie im Blick auf alle freiwilligen standespolitischen Regelungen, als mäßig zu beurteilen. Aber wenn wir unserem Ansatz treu bleiben, wonach die Lösung nur von einer radikalen Suche nach Wahrheit des Wissenschaftlers und Ingenieurs selbst zu erwarten ist, dann muß dieser Weg eingeschlagen werden. Solche Kodi-

---

[48] H. Lenk, 1987, S. 297.

zes müßten dann auch in der Frage der Vergabe von Forschungsmitteln relevant werden.

Längerfristig allerdings müßten wir uns auf den Übergang zu einem offensiven Konzept konzentrieren. Zu denken wäre an eine Forschungs- und Technologiekultur, welche sich an der Verträglichkeit unter der Maßgabe der Nachhaltigkeit orientiert. Konkret heißt dies, daß die überlebensfähige Technologie nur diejenige sein kann, welche sich an denjenigen Grundregeln der Natur orientiert, die eine relative Stabilität der Lebensgrundlagen sicherstellen. Dabei geht es nicht um das einfache Kopieren von Natur, sondern um die ausgewählte und bewußte Nachahmung bestimmter Gesetzmäßigkeiten oder Wirkungen natürlicher Systeme.[49] Dies kann nur für eine im eigentlichen Wortsinne bionische Technologie gelten: Bionik wird hier nicht unter ökonomischen oder forschungsstrategischen Effizienzkriterien betrachtet, sondern unter dem Aspekt der Permanenzfähigkeit der menschlichen Technikgestaltung im Rahmen der Verträglichkeit mit der Natur.[50] Nur die Berücksichtigung bestimmter, die Überlebensfähigkeit garantierender, Gesetze der Natur kann letztlich als Kriterium für die technologische Entwicklung gelten, weil die Natur mit diesen bewiesen hat, daß sie überlebensfähig ist. Man muß nach den hier vorgelegten Analysen davon ausgehen, daß die bisherige Technologie das ökologische Problem mitverursacht hat: nämlich die kurzfristige und tiefgreifende Veränderung der globalen, und indirekt der regionalen Verhältnisse auf unserem Planeten, mit der Folge, daß dem Menschen kurzfristig ebensolche tiefgreifende klimatische, gesundheitliche Gefahren und ökonomische Probleme drohen, an die er sich in der zur Verfügung stehenden Frist nicht anpassen kann. *Bionische* Technologie hingegen wäre in dem hier skizzierten Sinne Teil einer ökologischen Strategie, welche in der Gesamtheit der Lebens- und Produktionsweise kurzfristige tiefgreifende Veränderungen vermeidet. Sowohl Systeme wie Materialien wären dann unter strikter Nachahmung *zentraler Grundregeln* der Natur zu entwickeln: im Vordergrund stehen Regeln wie die Einhaltung von Stoffkreisläufen, Konzentration

---

[49] Vgl. I. Rechenberg, 1994, S. 206ff.
[50] Vgl. Kap. V, S. 81ff.

auf dezentrale Sonnenenergie, Verzicht auf Ressourcenzerstörung sowie auf kurzfristig massive Verwandlung und zugleich andere Anordnung von Stoffen, was letztlich den Verzicht auf Abfallproduktion bedeutet.

Damit wären wir an dem Punkt angelangt, von dem aus eine überlebensfähige und sinnstiftende Technologie in ihren Umrissen erkennbar werden soll. Die grundlegende Idee dabei ist, daß eine tiefgreifende Umgestaltung es möglich machen sollte, die nicht aufhaltbare theoretische Neugierde des Menschen auf andere als die bisherigen Bahnen zu lenken.

Daß eine radikale Umkehr des menschlichen Denkens und des damit verbundenen Handelns notwendig ist, wird aber zunächst noch einmal eingehender beleuchtet, wenn wir aus einer weiteren Perspektive, aus der der Risikogesellschaft, auf das ökologische Problem blicken. Denn es scheint, daß es gerade die Verbindung ist, von ungebremster, ständig in technisches Handeln sich übersetzender theoretischer Neugierde *und* bisweilen gefährlicher Bereitschaft, auch größte Risiken fahrlässig in Kauf zu nehmen, die in besonderer Weise das ökologische Problem ausmacht.

III. Homo lusor: Das ökologische Problem und das Handeln unter Risiko

Spätestens seit Ulrich Becks ‹Risikogesellschaft›[51] steht die Behauptung im Raum, wir seien in eine Art neue Epoche eingetreten, es hätte etwas wie ein Paradigmenwechsel stattgefunden, dergestalt, daß unsere Weltgesellschaft angemessen nur noch als Risikogesellschaft oder Wohlstands-Risiko-Gesellschaft zu bezeichnen sei.

Elemente dieser Risikogesellschaft sind, in Anlehnung und Weiterführung von Beck, z.B.
- die gesellschaftliche Produktion von Risiken ohne Möglichkeit der individuellen Zurechenbarkeit,
- wachsende Gefährdung durch Nebenfolgen,
- Globalität der Folgen,
- Irreversibilität,
- gewaltiges Katastrophenpotential,
- Systemzusammenbrüche,
- drohender Verlust der Lebensfähigkeit.

Soweit die Behauptung, daß wir sozusagen in die Phase einer Risikogesellschaft eingetreten sind. Ob dem so ist, wird zu prüfen und zu begründen sein.

Zu begründen sein wird insbesondere die These, wonach die Lösung des Problems keinesfalls vornehmlich in einer Art Risikomanagement bestehen könne, denn die Risikogesellschaft wirft gesamtgesellschaftliche, grundsätzliche und ethische Fragen auf.

Dazu nochmals Beck: "Diese Alt-Neu-Fragen, was ist der Mensch? wie halten wir es mit der Natur?, mögen hin- und hergeschoben werden zwischen Alltag, Politik und Wissenschaft. Sie stehen im fortgeschrittensten Stadium der Zivilisationsentwicklung wieder ganz oben auf der Tagesordnung - auch bzw. *gerade* dort, wo sie noch die Tarnkappe mathematischer Formeln und methodischer Kontroversen tragen. Risikofeststellungen sind die Gestalt, in der

---

[51] U. Beck, 1986, S.10.

die Ethik und damit auch: die Philosophie, die Kultur, die Politik - in den Zentren der Modernisierung - in der Wirtschaft, den Naturwissenschaften, den Technikdisziplinen wiederaufsteht. Risikofeststellungen sind eine noch unerkannte, unentwickelte Symbiose von Natur- und Geisteswissenschaft, von Alltags- und Expertenrationalität, von Interesse und Tatsache. Sie sind gleichzeitig weder nur das eine noch nur das andere. Sie sind beides, und zwar in neuer Form."[52]

Hier erscheint die Feststellung als Grundthese: wir sind zur Risikogesellschaft geworden, Risiko verstanden als "das bewußte zur Disposition stehen von Struktur um einer Chance willen".[53] Statt des Begriffs "zur Disposition stehen" würde sich wohl auch nahelegen, von ‹zur Disposition stellen› zu reden. Daraus ergeben sich zwei grundsätzliche Fragen: wie sieht das Verhältnis von Vorteil und Nachteil aus und gibt es eine Grenze der Akzeptabilität von Risiko?

Die Formel ‹Eintretenswahrscheinlichkeit x Schadengröße› ist beliebt als Instrument für einen rationalen Umgang mit dem Risiko.

Im Zentrum der These von der Risikogesellschaft steht sozusagen der "unbesehene Nebeneffekt der Vergesellschaftung der Natur", nämlich "die *Vergesellschaftung der Naturzerstörung und -gefährdungen*, ihre Verwandlung in ökonomische, soziale und politische Widersprüche und Konflikte"[54].

Neben der allgemeinen Veränderung der stofflichen Zusammensetzung der Lufthülle mit einem raschen Veränderungspotential müssen als risikohafte Bedrohungen hier aber folgende Elemente weiter ausgemacht werden:
• die Entwicklung von risikobeladenen Technologien wie Kernenergie, Gentechnologie, Chemie und Informatik mit einem Potential an Größtunfällen, Systemzusammenbrüchen, ökologischen Störungen und Katastrophen, welche auch als Signalereignisse auf das Vertrauenspotential von Bevölkerungen einwir-

---

[52] U. Beck, 1986, S.37f.
[53] O. Rammstedt, 1987, S.34.
[54] U. Beck, 1986, S. 107.

ken können. Problematisch sind sozusagen einige der Begleitumstände der Risikoentwicklung;
- die Risikotendenzen, die "global und universell wirksam"[55] sind;
- die sinnliche Wahrnehmung der Risiken, die weitgehend entfällt, u.a. durch das Dazwischenschalten künstlicher Systeme.
- die rasant fortschreitende Technologieentwicklung;
- die Komplexität technischer und organisatorischer Systeme, mit den dadurch gegebenen Wechselwirkungen und Koppelungen;
- die Wirksamkeit von Systemzwängen und die damit verbundene Unmöglichkeit von Selbstkorrekturen;
- die Aufteilung und dadurch verdeckte und nicht mehr transparente Verantwortlichkeit.

Über das bisher Gesagte hinaus gibt es eine Reihe von Fragen und Problemen, welche eng mit ethischen Dimensionen verknüpft sind.

Ein erster Typ eines solchen Problems wäre da auszumachen, wo weitgehende Unsicherheit über die Folgen besteht. Es kann nicht akzeptabel sein, daß wir hunderttausend künstliche Stoffe produzieren, über die Folgen einzelner Stoffe, geschweige denn über deren Synergieeffekte, aber kaum etwas wissen. Dies ist, gemessen an unserem Standard von Aufklärung, völlig unangemessen. Wenn dann noch die Folgen so weitreichend sein können, daß sie die Zerstörung von Lebensgrundlagen oder eben unakzeptable soziale und kulturelle Beeinträchtigungen erzeugen, dann ist die Unaufgeklärtheit besonders eklatant, d.h. das Ganze ist doch wohl unter dem Niveau der aufgeklärten Gesellschaft von heute. Natürlich ist bereits hier anzumerken, daß der Mensch sich ja auch als Spielertyp, nicht als rational-aufgeklärtes Wesen verstehen kann. Nur ist dann zu fragen, ob wir derart weitreichende negative Folgen *für andere* riskieren dürfen.

Weiter kann es nicht akzeptabel sein, daß die Gefährlichkeit der Folgen nicht unter dem Aspekt der Destruktionsfähigkeit des Menschen bedacht wird. Das Wissen um das Böse im Menschen, gekoppelt mit dem Wissen um die tödlichen modernen Mittel, die dem willentlich bösen Menschen zur Verfügung stehen, darf nicht

[55] D. Brock, 1991, S.15.

verdrängt werden. Das Wissen um das Böse im Horizont der modernen Mittel gehört zur Aufgeklärtheit des Menschen.

Ebenso ist nicht annehmbar, daß wir hinsichtlich der Folgen unwissentlich oder fahrlässig eine schwerwiegende Beeinträchtigung von Menschenrechten in Kauf nehmen. Denken wir nur an direkte Gefährdungen von Leben, an die Beeinträchtigungen jenseits von Mitsprachemöglichkeiten der Betroffenen, an die fehlenden demokratischen Diskurse, ganz zu schweigen von einem Konsens über die Grenze der Akzeptabilität von Schäden etc..

Ein Stück Unaufgeklärtheit bedeutet es auch, wenn wir sang- und klanglos hinnehmen, daß durch menschliche Eingriffe unzähligen Arten die Lebensgrundlagen entzogen werden.

Es gibt also eine Reihe von ethischen Fragestellungen in der Risikogesellschaft. Einige davon sollen nun einer genaueren Analyse unterzogen werden.

1. Wer ist eigentlich verantwortlich für die globale Entwicklung? Jeder Mensch ist verantwortlich für das, was er tut, sofern allerdings Freiheit und Handlungsmacht des Handelnden vorhanden sind und die Folgen überblickt werden können. Unter gewissen Einschränkungen kommt diesem Satz eine klare Evidenz zu. Es ist die Anerkennung des Verursacherprinzips und der Auffassung, daß wir für die von uns angerichteten Schäden aufzukommen haben. Heute haben wir Probleme mit dieser Art der Zuweisung von Verantwortung. Die Probleme entstehen nicht dadurch, daß etwa der ethische Anspruch im Verursacherprinzip nicht mehr evident wäre. Die Schwierigkeiten beginnen sozusagen vorher: Es läßt sich heute nicht mehr genau überblicken, was die Folgen einer Handlung sein werden, und es läßt sich schon gar nicht mehr ein eindeutiges Subjekt für die Zuweisung der Verantwortlichkeit identifizieren: ist es beispielsweise der Auftraggeber für die Erforschung einer Technologie, ist es der Forscher, ist es die Marketingabteilung einer Firma, ist es die Struktur der Firma, sind es die Konsumenten, die politischen Rahmenbedingungen etc.?

Es hört sich seltsam an, aber offensichtlich wissen wir sehr wenig über die Folgen, über Nah- und Fernwirkungen unseres Handelns. Die Unsicherheit der Prognose zeichnet unsere Gesellschaft

III. Das ökologische Problem und das Handeln unter Risiko

besonders aus, und diese Unsicherheit wird zu einer unangenehmen Herausforderung für Wissenschaft, wirtschaftliches Handeln und Ethik. Jedes Handeln muß von hypothetischen Annahmen ausgehen, was angesichts der Tragweite der ökologischen Entwicklung besonders gefährlich ist, was für Wissenschaft und Ethik auch, gemessen an dem dort gepflegten Wahrheitsideal, höchst problematisch ist.

Hermann Lübbe hat dieses Nichtwissen ziemlich drastisch beschrieben: "Die These lautet: Es hat noch nie eine Zivilisation gegeben, die über die Zukunft, die ihr bevorsteht, weniger gewußt hätte als unsere eigene ... Man kann das auch umgekehrt so ausdrücken: Was immer das Leben der Menschen in früheren Epochen belastet haben mag - man hatte den ungemeinen Vorzug, über die Zukunft, die einem bevorstand, ungleich Verläßlicheres sagen zu können, als wir das heute können. Der Grund ist sehr einfach. Es passierte einfach viel weniger, so daß die Wahrscheinlichkeit sehr viel größer war, daß die Welt in fünf, zehn oder gar fünfzig Jahren der eigenen Lebenswelt in wesentlichen Hinsichten gleichen werde. Ich nenne dieses Phänomen auch gerne Gegenwartsschrumpfung, d.h. die chronologische Extension der Zeit nimmt ab, für die wir mit konstanten Lebensverhältnissen rechnen können."[56]

Können wir also, eingebettet in hochkomplexe und komplizierte Strukturen einer modernen technologischen Gesellschaft, von einem Zukunfts*wissen*, von einer mehr oder weniger sicheren Zukunftsprognose überhaupt noch sprechen? Die Unmöglichkeit eines solchen Wissens beschreibt Lübbe weiter mit dem von ihm so benannten ‹Popper-Theorem›: "Wir mögen ja alles mögliche über die Zukunft wissen. Etliches wissen wir auch recht gut, z.B. über zwei Generationen hinweg. Wir wissen, was das für demographische Verläufe und für die Rentenversicherung bedeutet. Nur eines können wir prinzipiell nicht wissen, nämlich was wir künftig wissen werden, denn sonst wüßten wir es bereits jetzt. Je größer nun die faktorielle Bedeutung des künftigen wissenschaftspraktisch erzeugten Wissens über seine technische Umsetzung und wirtschaftliche Nutzung für die Veränderung unserer Lebenssituation wird, um so

---

[56] H. Lübbe, 1991, S. 29.

mehr und in demselben Maße gilt: In den komplexen Dimensionen einer verwissenschaftlichen Zivilisation läßt sich deren Zukunft prinzipiell nicht voraussagen."[57]

Das Nichtwissen in bezug auf die Folgen einer Handlung legt eigentlich den Verzicht auf die Handlung nahe. Nur sind damit äußerst radikale Forderungen verbunden. Dies wird besonders deutlich, wenn wir uns klar machen, was die Forderung nach Verzicht auf Risiko für die Lebensgrundlagen praktisch bedeutet. Wir können uns die Tragweite an einem Beispiel, das den zentralen Bereich betrifft, klarmachen: Verzicht auf Risiko in diesem Sinne bedeutet Verzicht auf das Aufreißen von Stoffkreisläufen oder die Pflicht, aufgerissene Stoffkreisläufe in relativ kurzer Zeit zu schließen. Wir haben ja als zentrale Ursache der raschen Klimaveränderung die rasche, vom Menschen induzierte Veränderung der stofflichen Zusammensetzung der Lufthülle ausgemacht. Wenn das stimmt, dann ist jeder längerfristig nicht geschlossene Stoffkreislauf ein Risiko, jedenfalls von einem bestimmten Maße an. Nicht geschlossene Stoffkreisläufe ergeben sich besonders klar im Zusammenhang mit der Verbrennung fossiler Stoffe, mit der Kernenergie oder mit chemischen Stoffproduktionen. Wie sollen aber beispielsweise Unternehmer produzieren, wenn sie dem Prinzip der geschlossenen Stoffkreisläufe nachleben sollen? Mit Recht werden sie sagen, daß dies unter den gegebenen Konkurrenzbedingungen unmöglich sei. Und wir wissen auch, daß die psychologische Fähigkeit des Menschen, allein den ‹Dummen zu spielen›, während andere sich nicht um die Folgen kümmern, sehr begrenzt ist. Es stellt sich also hier die Frage, welche Instanz denn letztlich das Eingehen eines solchen Risikos verbieten soll. Damit sind wir bei der nächsten Grundfrage angelangt:

2. Wer entscheidet über die Akzeptierbarkeit? Diese Grundfrage ist mindestens eine doppelte, denn sie fragt nach der Instanz, welche moralisch darüber entscheidet, welche Risiken akzeptierbar sind und welche nicht. Sie fragt aber gleichzeitig nach der Instanz, welche dann das moralische Verbot solcher Risiken praktisch durchsetzt.

[57] A.a.O., S. 29.

Vorerst also die Frage: wer entscheidet darüber, welche Risiken als nichtakzeptabel gelten sollen? Zunächst gibt es eine einleuchtende Antwort: jeder Mensch soll die Möglichkeit haben, darüber zu entscheiden, welche Risiken er für sich als akzeptabel ansieht. Das Problem besteht aber darin, daß die praktische Realisierung dieser Forderung gleich mehrfach unmöglich ist. Diese Feststellung gilt für alle Ebenen, auf denen Risiken zum Problem werden. Sie gilt auch auf der Ebene, die wir eben besprochen haben, nämlich die Ebene, auf der die Zerstörung von Lebensgrundlagen riskiert wird. Zunächst ergibt sich dabei ein technisches Problem: wie sollen wir alle potentiell von Risiken Betroffenen befragen können? Weiter ist es undenkbar, daß in einer so entscheidenden Frage alle Betroffenen die gleiche Meinung vertreten. Aber selbst wenn dies der Fall wäre, gibt es eine große Gruppe von Betroffenen, nämlich die künftigen Generationen, welche gar nicht befragt werden können, weil sie noch nicht leben oder noch nicht reden können. Der Schluß legt sich nahe, daß die Mitsprache der Betroffenen zwar ethisch von Bedeutung ist, daß wir aber aus den angegebenen Gründen nicht darum herumkommen, Kriterien für die Definition von nicht akzeptablen Risiken zu formulieren. Das heißt, daß es zwar einen gesamtgesellschaftlichen Dialog über Risiken geben muß, daß sich dieser Dialog aber nicht auf die individuelle Beurteilung des für die Betroffenen akzeptierbaren Riskos bezieht, sondern die grundsätzliche Frage nach der Akzeptabilität thematisiert. Das heißt wiederum, daß dieser Dialog sich an grundlegenden ethischen Überlegungen orientiert.

Nach dem bisherigen Gedankengang muß ein solcher Risikodialog ausgehen von der hier mehrfach begründeten Forderung, daß keine Risiken eingegangen werden dürfen, welche die Überlebensfähigkeit der uns direkt nachfolgenden Generationen gefährden könnten. Dies gilt allerdings nur für die Ebene der globalen Gefährdung der Lebensgrundlagen. Wie steht es aber mit der Akzeptabilität von Risiken bzw. Schäden unterhalb dieser Ebene? Zum Beispiel bei der Frage der atomaren Verseuchung einer Region oder der Zerstörung einer Stadt?

Unsere Frage läßt sich auch auf dieser Ebene nicht mit dem alleinigen Verweis auf demokratische Mitsprache oder Konsens lösen, und zwar wegen der bereits für die höchste Ebene genannten Gründe. Natürlich braucht es auch in diesen Fällen den Risikodialog. Es kann in überblickbaren Gebieten aber auch demokratische Abstimmungen geben. Nur bleibt es ethisch immer ein Problem, wenn eine Mehrheit über Risiken befindet, die eine Minderheit als für sich unakzeptabel weil tödlich empfindet. Eine solche Abstimmung kann ethisch gesehen nicht das letzte Wort sein. Und so bleibt auch hier nichts anderes übrig, als sich auf die vertrackten Fragen einzulassen, die sich einstellen. Zum Beispiel die Frage, welchen Unterschied es denn eigentlich für uns ausmacht, ob wir allein oder eine ganze Stadt Risiken mit möglichen Todesfolgen eingehen? Wir riskieren vielfältig je den individuellen Tod: durch zivilisatorische und technologische Unfallgefahren aller Art, z B. im Straßenverkehr oder durch Stromversorgung. Was ist der Unterschied zwischen einer risikohaften Gefährdung eines Individuums und einer Masse? Jeder Mensch kann doch nur einmal sterben. Gibt es wirklich einen Umschlag von Quantität in Qualität, wenn beispielsweise einhunderttausend Menschen und nicht bloß einer betroffen sind? Ist der gleichzeitige Tod von vielen ungleich unerträglicher als der Tod von einzelnen?

Fragen wir nach den Unterschieden, so kommen die folgenden in Betracht: Bei einem Großunglück, eben z.B. der Zerstörung einer ganzen Stadt, muß ein einzelner Mensch den Tod einer ganzen Reihe von Angehörigen beklagen. Weiter sind die ökologischen, sozialen, wirtschaftlichen und kulturellen Grundlagen für eine ganze Region zerstört. Diese Schäden können nicht wie in einem einzelnen Unglücksfall durch Versicherungen gedeckt werden; vielmehr kann das Lebenswerk ungezählter Familien ruiniert sein, ohne daß die Gesellschaft zu Kompensationen in der Lage ist. Das Problem besteht im totalen Ausfall der Solidargemeinschaft.

Solche Großunfälle müssen als unakzeptable Risiken gelten, die deshalb auch jenseits der Wahrscheinlichkeit des Eintritts nicht eingegangen werden können. Dieser Verzicht auf ein Risiko ist noch viel mehr gegeben, wenn es sich dabei um eine Katastrophe für eine ganze Region handeln würde. In besonderer Weise gilt dies für den Fall einer möglichen Verstrahlung einer Region: Die

Spätfolgen sowie die soziokulturellen Folgen von Evakuierungen und Umsiedlungen in großem Stil wären unerträglich und untragbar.

In diesem Zusammenhang ist noch ein weiteres Argument zu erwähnen: das der Verallgemeinerbarkeit. Das Risiko der Zerstörung einer Stadt und einer Region ist nicht nur an sich untragbar, es ist auch nicht verallgemeinerbar. Es wäre noch unerträglicher, wenn viele Städte und Regionen so verfahren würden, weil sich dann die Unfähigkeit zur Kompensation erhöhen würde. Da aber eine Kopie des Risikos der Zerstörung einer Stadt nicht verhindert werden könnte, ja da wir annehmen müssen, daß solche Risiken in anderen Erdteilen mit noch weniger Vorsicht in Kauf genommen werden könnten, gilt das Argument der Nichtverallgemeinerbarkeit.

Es wäre zu prüfen, inwiefern die Überlegungen betreffend die Zerstörung einer Stadt oder einer Region auch für den Transport von großen Massen gefährlicher Güter gelten, insbesondere für Öltanker und Ölzüge. Ganz besonders aber ist nochmals die Frage der mutwilligen, bösartigen oder militärischen Destruktion aufzugreifen. Nachdem wir das Beispiel der brennenden Ölfelder in Kuweit erlebt haben, stellt sich ernsthaft die Frage, ob das Risiko solcher Möglichkeiten eingegangen werden darf. Wenn wir davon ausgehen, daß die konsequente und strategische Anwendung von modernen Destruktionsmöglichkeiten durch Diktatoren oder Terroristen erst in den Anfängen steckt, müssen wir sehr vorsichtig werden.

Die sozialpsychologischen und gesellschaftlichen Rahmenbedingungen zwingen uns heute also dazu, keine Technologien und Anlagen herzustellen, welche bei gezielten Destruktionsstrategien Katastrophen mit unakzeptierbaren Schäden bewirken können. Es ist klar, daß diese Schlußfolgerung mit weitreichenden Konsequenzen verbunden ist: Ölförderungsanlagen und Atomkraftwerke, ganz zu schweigen von dem derzeit bestehenden Arsenal an Atomwaffen, dürfen nicht mehr im heutigen Ausmaß und in der heutigen Art und Weise aufgestellt bzw. produziert werden.

Wir lenken den Blick zurück: es geht um die Frage, wer darüber zu entscheiden hat, welche Risiken als akzeptabel bzw. als nicht akzeptabel gelten sollen. Wir haben gesehen, daß auch diese Frage nicht einfach zu beantworten ist. Es reicht z.B. nicht, einfach auf die Betroffenen und deren Mitbestimmung zu verweisen. Wir kommen vielmehr zu dem Postulat eines öffentlichen Risikodialogs, der sich allerdings auf die Frage zu konzentrieren hat, welche Risiken aus ethischer Sicht als akzeptabel oder eben als nicht akzeptabel gelten können. Somit, behaupten wir, ist die Beurteilungsinstanz letztlich der ethische Diskurs, an dem aber gerade wichtige Akteure wie Vertreterinnen und Vertreter aus Gesellschaft, Wissenschaft und Politik aktiv teilnehmen sollen.

Sozusagen die zweite Hälfte dieser Frage betrifft nun die nach der Instanz der Durchsetzung einer solchen Beurteilung. In Frage kommen der Staat, Konsumenten, Verbände, die Wirtschaft, Standes- und Berufsorganisationen.

Eine Analyse bringt schnell zu Tage, daß eine einzige dieser Instanzen nicht in der Lage ist, eine Durchsetzung zu erreichen. Vielmehr braucht es die gemeinsame Anstrengung derjenigen Instanzen und Akteure, welche die Macht haben und in der Lage sind, effektvoll eine Entscheidung durchzusetzen. Zu diesen Akteuren gehören die genannten Vertreterinnen und Vertreter in besonderer Weise. Wissensvorsprung, Entscheidungsmöglichkeiten für Alternativen, Umsicht oder Vertretung der Belange einzelner oder oft gar nicht mehr wahrgenommener Gruppen gehören zu ihren Attributen. Diese müssen sie gezielt einsetzen, wo es um den Verzicht auf das Eingehen von unakzeptablen Risiken geht. Sie können nicht darauf warten, bis staatliche Instanzen solche Verzichte auf dem Gesetzesweg festlegen, ganz abgesehen davon, daß es in dieser Hinsicht im internationalen Raum eine quasi gesetzesfreie Sphäre gibt. Solange es keine Weltinstanz gibt, welche Verbote durchsetzen kann - und es wird sie kaum je geben -, sind diese Personengruppen in besonderer Weise gehalten, ihre Verantwortung autonom zu übernehmen.

3. Als nächste Grundfrage müssen wir die Verteilungsfrage thematisieren, nämlich wie Risiken verteilt werden. Die Frage der Verteilung, respektive der gerechten Verteilung, von Vor- und Nachteilen ist eine ethisch bedeutsame. In dieser Frage liegt auch eine große Hoffnung: es könnte nämlich sein, daß die Zeit vorübergeht, in der potente Akteure Risiken auf Schwächere verlagern und für sich Ni-

schen des Überlebens sichern können. Die moderne Risikogesellschaft ist demokratisch in dem Sinne, daß sie alle betrifft. Die neue Hoffnung würde sich so an einem Aphorismus orientieren, der von einem Land erzählt, "in dem in Kriegszeiten der König und alle Minister bei brennenden Kerzen auf einem Pulverfaß schlafen müssen; man hört ... daß seither die Kriege in jenem Lande ganz aufgehört haben."[58]

Schon auf den ersten Blick wird deutlich, daß die Risikoverteilung weltweit heute ungerecht ist. Es gibt zwei Arten einer ungerechten Risikoverteilung: entweder werden Menschengruppen Risiken zugemutet, ohne daß sie die damit verknüpften Vorteile genießen können; oder aber es werden bestimmten Menschengruppen die schwersten Risiken zugeordnet. Eine ethisch befriedigende Lösung, natürlich immer unterhalb der als nicht akzeptierbar geltenden Risiken, müßte eine gerechte Verteilung der Vor- und Nachteile anstreben. Global gesehen ist es heute so, daß die Industrienationen das Risiko der Klimaveränderung ungleich stärker als die Entwicklungsländer provozieren, obwohl sie die damit verknüpften Vorteile überwiegend für sich beanspruchen. Als Beispiel kann hier der Energieverbrauch gelten. Ebenfalls problematisch sind die Exporte von Abfällen aller Art in Entwicklungsregionen oder in die Weltmeere. Kurzfristig werden hier bestimmte Regionen mit überdurchschnittlichen Risiken belastet. Man kann auch sagen, daß die Art und Weise des heute herrschenden höhcren Lebensstandards eines Teils der Weltbevölkerung immer ungerecht ist in dem Sinne, daß dessen Vor- und Nachteile ungerecht verteilt sind.

Dies gilt nun allerdings, wie wir heute wissen, nur noch kurzfristig. Längerfristig muß die Erde unter dem Risikoaspekt als eine Einheit gesehen werden. Damit werden die Nischen für Mächtige verschwinden, und wir werden vor den Gesetzen der Natur gleich sein. Bis es soweit sein wird, sind allerdings noch harte Verteilungskämpfe zu erwarten mit elenden Auswirkungen für Millionen von Menschen, allenfalls auch für mehrere Generationen.

[58] C. F. von Weizsäcker, 1976, S.127.

Die Folgerung, die hier zu ziehen ist, ist einfach, kurz und doch schwer zugleich: sie verlangt die gerechte Verteilung von Risiken im Horizont von Vor- und Nachteilen.

Mit den hier vorgelegten drei Kapiteln haben wir versucht die Frage nach dem ökologischen Problem hinsichtlich Wesen, Entstehung und Folgen zu behandeln. Damit können wir zum nächsten Punkt schreiten: Wir müssen erwägen, welche Haltungen - im Sinne einer klassischen Tugendlehre - wir Menschen sozusagen im Vorfeld der Praxis, im Stadium der Eingewöhnung, einnehmen müssen und zwar im Sinne von Voraussetzungen für Wege aus der ökologischen Krise.

IV. Ein Tugendkatalog für den Menschen in einer ökologischen Gesellschaft

Wir haben im ersten Kapitel dieses Buches operative Strategien benannt[59], welche sich dann notwendig ergeben, wenn wir die übergeordneten und ethisch begründeten Ziele einer ökologischen Gesellschaft erreichen wollen. Im Zusammenhang, in Ergänzung und als Unterstützung dieser operativen Strategien sind weiter eine Reihe von Regeln notwendig, welche ihrerseits unabdingbar sind für das Erreichen und womöglich Einhalten der übergeordneten Ziele. Sie sind nicht direkt auf die Praxis bezogen, sie sind vielmehr im Vorfeld der Praxis zu beachten und wir können sie somit als metapraktische Regeln bezeichnen. Ihre Herleitung ist primär orientiert an ethischen Grundsätzen, sie intendieren aber einen höheren Grad an Praxisnähe als die Grundsätze selbst. Wir könnten sie auch bezeichnen als Beschreibung von *Haltungen*, welche von den Menschen zu erwarten sind, die den Zielen einer ökologischen Ethik zustreben. Das ganze Paket dieser Regeln sieht wie folgt aus:

1. Es gibt eine Würde des in langer Zeit Gewordenen, welche Ehrfurcht gebietet.
2. Das Nichtwissen des Menschen über die letzten Ziele der Natur sowie über deren Entwicklung mit und ohne Dazutun des Menschen verlangt grundsätzlich nach Vorsicht und respektvollem Handeln.
3. Die Verantwortlichkeit aller handelnder Subjekte muß wiederhergestellt und deutlich sichtbar gemacht werden.
4. Der Vorrang des Menschen vor anderen Lebewesen besteht in seiner Fähigkeit zur Verantwortung.
5. Aus der Erkenntnis der Gesetze der Natur leitet sich eine neue Qualität der Handlungsverantwortung ab.

---

[59] Vgl. oben S. 30 - 34.

6. Jede Risikoabwägung muß verantwortlich geschehen: es gibt keine Wette auf Kosten anderer. Meliorismus rechtfertigt nicht den totalen Einsatz.[60]
7. Bei allen größeren Eingriffen ist auf das Recht der Mitsprache der Betroffenen zu achten.
8. Der Mensch ist Anwalt der Sprachlosen.
9. Nichteingreifen hat tendenziell Vorrang vor dem Eingreifen
10. Es gilt die Forderung auf Umkehr der Beweislast.
11. Die Schönheit der Natur ist ein Indiz für ein Element der Überlebensfähigkeit.

1. Es gibt eine Würde des in langer Zeit Gewordenen, welche Ehrfurcht gebietet.
Der Mensch nimmt die Lebensgrundlagen, ja sein Leben selbst als Geschenk wahr. Auf jeden Fall hat er die entscheidenden Lebensvoraussetzungen weder geschaffen noch kann er diese schaffen. Die Gestalt der Erde, die Struktur der Lebensgrundlagen, die der Mensch vorfindet und die ihm die Entfaltung seines Lebens ermöglicht, sind in langer Zeit geworden. Diese lange Zeit hat ihre eigene Würde, die sich sowohl auf das Organische wie auf das Anorganische bezieht. Es ist die Würde des in langer Zeit Gewordenen, das zu permanenzfähigen Lebensgrundlagen geworden ist. Es kommt dem Menschen Ehrfurcht gegenüber dieser Würde zu.

Diese Ehrfurcht vor der Würde des in langer Zeit Gewordenen ist im wesentlichen Ausdruck der ethischen Norm der Ehrfurcht vor dem Leben und vor allem Geschaffenen. Ein menschliches Leben im Widerspruch zu dieser Norm ist in hohem Maß gefährdet.

2. Das Nichtwissen des Menschen über die letzten Ziele der Natur sowie über deren Entwicklung mit und ohne Dazutun des Menschen verlangt grundsätzlich nach Vorsicht und respektvollem Handeln.
Es gibt keine letzte Sicherheit für die menschliche Erkenntnis der

---

[60] Vgl. H. Jonas, 1979, S. 74, 79.

Strebungen der Natur. Für viele Menschen zeigt zwar die Natur deutlich, was sie will. Viele erkennen Interessen, Strebungen und Zwecke in der Natur und erfahren Teile der Natur als leidensfähige Subjekte. Für solche Menschen bedarf die Aufforderung zu Vorsicht, Rücksicht und Respekt möglicherweise keiner weiteren Begründung; diese ergibt sich von selbst. Wer aber, nicht zuletzt aus begründeten erkenntnistheoretischen Überlegungen, ein Wissen über die Strebungen, Interessen und Absichten der Natur nicht anerkennen kann, der ist gleichwohl auf die Grundhaltung von Vorsicht, Rücksicht und Respekt hingewiesen. Denn gerade dann, wenn wir nicht wissen, was die Natur will, ist in hohem Maße Vorsicht beim Eingreifen des Menschen geboten. Diese Vorsicht gilt auch angesichts des immer geringeren Wissens des Menschen über die Entwicklung der Zukunft.

Wie wir oben gezeigt haben,[61] läßt die Vielfalt des Nichtwissens nur eine Folgerung zu: menschliches Verhalten soll sich an Vorsicht, Rücksicht und Respekt orientieren.

3. Die Verantwortlichkeit aller handelnder Subjekte muß wiederhergestellt und deutlich sichtbar gemacht werden.

Untersuchen wir zunächst, was der Begriff der Verantwortung in unserem Zusammenhang besagen könnte. Es entspricht wohl der Grundidee der Verantwortung, daß sie in einem konkreten Fall und in einem ersten Bedeutungsaspekt unsere Zuständigkeit reklamiert: wir können nicht weglaufen, nicht wegsehen, sondern wir werden genötigt zu dem zu stehen, für das wir zuständig sind.

Zuständig, verantwortlich, fühlen wir uns offenbar darum, weil wir eine Instanz spüren, die uns mitteilt, wir seien zuständig. Diese Instanz entwickelt sich im Zusammenhang unserer Sozialisation. Und nur, wenn wir in irgendeiner Weise diese Instanz spüren, wahrnehmen, respektieren, fühlen wir uns verantwortlich.

Besondere Bedeutung gewinnt die Rede von der Verantwortung heute, weil wir den Verlust eben dieser Zuständigkeit wahrnehmen. Dieser Verlust wirkt sich auf die verschiedensten Zusammenhänge

---

[61] Vgl. oben S. 40 - 47.

aus, besonders eindrücklich aber scheint er uns in den Wahrnehmungen und Problemen des heutigen Alltags zu begegnen: Gewalt auf unseren Straßen, in den Verkehrsmitteln - und niemand schaut hin! Niemand fühlt sich mehr zuständig. Die soziale Kontrolle in den Wohnquartieren sinkt und damit auch das Gefühl, für andere da zu sein, ja für andere verantwortlich zu sein.

Auch der Wissenschaftsbetrieb ist heute so arbeitsteilig organisiert, daß ein eigentliches verantwortliches Subjekt kaum mehr zu definieren ist.

Was bedeutet nun der Begriff der Verantwortung? Wir verwenden den Begriff in Zusammenhängen wie ‹Verantwortung übernehmen›, ‹Verantwortung tragen›, ‹verantwortlich handeln›, ‹zur Verantwortung gezogen werden›. In allen diesen Verwendungen zeigt sich, daß der Begriff Verantwortung durch einen zweifachen Bezug bestimmt ist: eine Person übernimmt oder trägt Verantwortung *für* andere Menschen, *für* eine Sache oder *für* eine Handlung und muß sich *vor* einer Instanz verantworten, sei es vor dem Gewissen, sei es vor einer Rechtsinstanz, sei es vor Gott.[62] In diesem Zusammenhang sei eine erste Kennzeichnung des Begriffs in Erinnerung gerufen, die Wilhelm Weischedel aufgezeigt hat und die im überaus reichen zeitgenössischen Diskurs über Verantwortung beinahe unterzugehen scheint: "Die spezifische Art von Reden, die in ‹Verantwortung› infrage steht, ist die des Antwortens."[63] Der Mensch muß Rechenschaft ablegen, muß Antwort geben auf die Frage nach dem warum, wozu, wofür seines Handelns oder Verhaltens.

Zur Grundfigur der Verantwortung gehören zentral zwei Elemente: die Herstellung des notwendigen Zusammenhanges zwischen uns und unserem Handeln, bzw. den Folgen unseres Handelns. Dasselbe nochmals anders ausgedrückt: es gehört zur Verantwortung, daß wir in einem Verweisungszusammenhang stehen, der unsere Verantwortung aufweist. Und weiter gehört zur Verantwortung eine Instanz, von der wir akzeptieren, daß sie uns verantwortlich macht oder eine Instanz, die allgemein anerkannt ist, die

---

[62] Vgl. O. Höffe, 1992, S. 288. Vgl. zum Verweisungszusammenhang: G. Picht, 1969, S. 318-342.
[63] W. Weischedel, 1972, S. 15.

IV. Ein Tugendkatalog für den Menschen

in Geltung steht und die auf unsere Verantwortung hindeutet. Beide Elemente verweisen ihrerseits auf ein unbedingt kritisches Moment im Begriff der Verantwortung: wir müssen stets die Zurechnungsfähigkeit und Zuschreibbarkeit von Verantwortung *für* Handlungen oder Handlungsfolgen prüfen und wir müssen die Instanzen, *vor* denen wir allenfalls Rede und Antwort stehen müssen, einer ständigen kritischen Reflexion unterziehen.

Kommen wir noch einmal zurück auf die früher erwähnte Schwierigkeit der Abschätzbarkeit und Voraussagbarkeit unserer Handlungen. Es gab noch nie eine Zeit, die so wenig Klarheit über die Entwicklung in der Zukunft hatte. Tiefe und Häufigkeit anthropogener Einflüsse, Komplexität der Systeme, Veränderungen in der Lufthülle der Erde usw. sind Faktoren, welche Aussagen über die Folgen von Handlungen immer schwieriger werden lassen. Nun könnten wir behaupten, damit entfalle eine wichtige Voraussetzung für die Zurechnung und Zuschreibung von Verantwortung: wenn wir nicht wissen können, was die Folgen unserer Handlungen sein werden, dann können wir auch nicht dafür verantwortlich gemacht werden. Die einfachste Lösung dieser Aporie bestünde dann entweder in der Renaissance der drei grundliberalen Postulate ‹laisser aller›, ‹laisser faire›, ‹laisser passer› oder aber im Nicht-Handeln, im Moratorium. Doch können wir eine solche Lösung angesichts der Probleme und Herausforderungen unserer Zeit nicht ernsthaft in Erwägung ziehen. Wir müssen vielmehr die Anerkennung der Kontingenz und der Begrenztheit unseres Handelns sowie die mögliche Kontraproduktivität unseres technischen Vermögens und unseres technischen Wissens in die ethische Reflexion einbeziehen. Dies sollte der am Anfang dieses Buches erzählte Mythos deutlich werden lassen: technische Kunstfertigkeit alleine bringt dem Menschen noch keine Rettung. Erst das Vermögen zum Rechtsempfinden und zur Sittlichkeit - und damit das Vermögen, Verantwortung für unser Handeln überhaupt zu übernehmen, können ihm die erhoffte Rettung bringen.

Was ist das Fazit dieser Überlegungen? Auch in der arbeitsteiligen Gesellschaft von heute müssen die Subjekte der Verantwortung identifiziert werden. Menschen müssen sich, wo immer sie in einem Ablauf tätig sind, als verantwortliche Subjekte begreifen und

Verantwortung übernehmen. Im Grunde geht es um eine radikale Forderung: Menschen von heute müssen auf allen Stufen ihres Tätigseins Verantwortung übernehmen und zwar so, daß das Niveau der Verantwortung dem Niveau des jeweiligen technischen Handelns entspricht.

4. Der Vorrang des Menschen vor anderen Lebewesen besteht in seiner Fähigkeit zur Verantwortung.

Aus bestimmten Unterschieden, die den Menschen vor allen anderen Tieren auszeichnen, haben wir im Laufe der Geschichte immer wieder einen Vorrang des Menschen abgeleitet. Es wurde dabei die menschliche Seele angeführt, die Vernunft oder die Fähigkeit zur moralischen Entscheidung. Gibt es aber einen eindeutigen Hinweis auf den Vorrang des Menschen aus der Perspektive der Ethik? Daß es spezifisch menschliche Eigenschaften gibt, wird hier natürlich nicht bestritten. Es gibt eindeutige anatomische, physiologische und psychologische Unterschiede zwischen dem Menschen und anderen Lebewesen. Aber diese Feststellung allein reicht noch nicht aus für die eindeutige Begründung eines Vorranges des Menschen.

Aus ethischer Sicht bleibt die Feststellung von besonderem Interesse, daß der Mensch verantwortungsfähig ist. Er kann sein Handeln prüfen in der Kategorie von gut und böse, richtig oder falsch. Aus ethischer Sicht läßt sich sagen, daß hier ein entscheidender Vorrang vorliegen könnte, vor allem deshalb, weil sich die Fähigkeit zur Verantwortung positiv auf die anderen Lebewesen, besonders in ihrer Abhängigkeit vom Handeln des Menschen, auswirken könnte. Wenn schon Vorrang des Menschen, dann zunächst nur deshalb, weil er den Menschen dazu befähigt, sein Handeln in der Lebenswelt nach gut begründeten ethischen Regeln auszurichten. Die These sei hier gewagt, daß der an Verantwortung gebundene Vorrang des Menschen den Vorzug haben muß vor allen anderen menschlichen Konzepten und Strategien im Konfliktfeld Mensch-Natur.

IV. Ein Tugendkatalog für den Menschen

5. *Aus der Erkenntnis der Gesetze der Natur leitet sich eine neue Qualität der Handlungsverantwortung ab.*

Der Mensch greift in die Natur ein und zwar massiver als alle anderen Lebewesen. Dies hängt mit den spezifisch menschlichen Fähigkeiten zusammen. Was die Wirkung betrifft, steht wohl an erster Stelle die Fähigkeit des Menschen zur Abstraktion und zu der auf Sprache beruhenden Akkumulation von Wissen durch Generationen hindurch. Dadurch erlangt der Mensch so etwas wie ein Ewigkeitswissen[64]: er erkennt die Gesetze der Natur, er blickt sozusagen hinter die Phänomene der Natur und erkennt, nach welchen Regeln sie funktioniert. Diese Regeln und Gesetze macht er sich dienstbar bei seiner Strategie der Veränderung der Natur. Dadurch erlangt er eine Machtstellung, gleichsam das Dominat über die gesamte Natur. Aus diesem Grund, nämlich der Erkenntnis der Gesetze und Regeln der Natur und der daraus resultierenden tiefgreifenden Beeinflussung und Veränderung der Natur, kommt dem Menschen eine ebenso tiefe Pflicht zur Verantwortung zu.

6. *Jede Risikoabwägung muß verantwortlich geschehen: es gibt keine Wette auf Kosten anderer; Meliorismus rechtfertigt nicht den totalen Einsatz.*

Wir sind uns heute bewußt, daß wir durch unsere Eingriffe in die Natur sowie durch die Entwicklung von technischen Systemen hohe Risiken eingehen. Im Zusammenhang mit einer ökologischen Ethik stellt sich die Frage, wo die Grenzen für akzeptable Risiken liegen, und wie das Verhältnis von Risikogewinn und Risiko ausgestaltet werden soll.

Im Rückblick auf unsere ethischen Grundsätze wird deutlich, daß es eine Obergrenze für Risiken geben muß. Diese Obergrenze gilt auch dann, wenn wir die Formel: Eintretenswahrscheinlichkeit x Schadengröße für die Beurteilung von Risiken anwenden und zu dem Schluß kommen, daß die Eintretenswahrscheinlichkeit gering sei. Es gibt eben ein Ausmaß von Schadenereignissen, und zwar global wie regional, das jenseits aller Eintretenswahrscheinlichkeit

---

[64] Siehe oben S. 45f.

absolut nicht akzeptabel ist. Dies trifft dann zu, wenn die Schadengröße für das globale System oder für eine Region irreversible, nicht verkraftbare und nicht ausgleichsfähige katastrophale Folgen erwarten läßt.

Die heutige Situation zeichnet sich durch zwei Merkmale aus: einmal sind wir mit der globalen Veränderung des Klimas bereits ein global nicht akzeptables Risiko eingegangen. Andererseits wissen wir über die Entwicklung der globalen Verhältnisse unter dem Einfluß des Menschen viel zu wenig.

Welche Folgerungen sind daraus zu ziehen? Zunächst scheint die Logik nur eine einzige Reaktion zuzulassen, nämlich das, was Hans Jonas die "Heuristik der Furcht" genannt hat.[65] Der zentrale Gedanke der Heuristik der Furcht ist der folgende: wenn wir die Folgen unseres Handelns nicht wissen können, diese Folgen aber unakzeptabel für uns oder zukünftige Generationen sein könnten, dann hat das Unheilvolle, auch wenn es unsicher ist, das höhere Gewicht, weil der Mensch wohl ohne das größere Gut, nicht aber mit dem größten Übel leben kann. Weiter: die Heuristik der Furcht würde für die notwendige Bescheidenheit des Menschen sorgen; die Verzichtpolitik könnte so die Entstehungsbedingungen für weniger unheilvolle Erfindungen und Entwicklungen positiv beeinflussen. Dies ist darum nötig, weil die Großtechnologie von heute eine Schadensentwicklung impliziert, welche sich nicht mehr beheben läßt. Was wir hier vor uns haben, ist natürlich die Grundfigur des Moratoriums, die wir z.B. aus Diskussionen um Gentechnologie, Atomtechnologie oder Informatik kennen. Die schwache Seite dieses Moratoriumsdenkens hat Michael Kohn scharf herausgearbeitet: "Die Entscheidungen werden vertagt. Es entsteht ein faktisches Moratorium: Man sagt weder Ja noch Nein und hofft, damit Zeit zu gewinnen - und verliert dabei Substanz".[66]

Zur Problematik des Moratoriums gehört darüber hinaus, daß es unser Handeln völlig lähmen kann. Denn wir müssen prinzipiell zugeben, daß wir keine Folge unseres Handelns *genau* abschätzen können, demzufolge wir eigentlich gar nicht mehr handeln dürften.

---

[65] Vgl. H. Jonas, 1979, S. 63f.
[66] M. Kohn, 1990, S. 67.

Ein zusätzlicher Aspekt ist der Umstand, daß wir in gewisser Weise stets mit dem schlechtesten Fall rechnen müssen; dies hängt mit anthropologischen und theologischen Erkenntnissen zusammen. Der destruktive Charakter des Bösen kann sich jederzeit der gewaltigen Mittel der modernen Technologien zum Bösen und zum Schaden bedienen. Immer weniger Böse können immer tiefgreifendere Schäden hervorrufen, ohne daß es Abwehrchancen gibt.

Auch in diesem Zusammenhang ist an das sogenannte Murphysche Gesetz zu erinnern: Der kalifornische Luftwaffeningenieur Captain Ed.Murphy hat 1949 das Grundgesetz der Technologie formuliert: "If anything can go wrong, it will".[67] Günther Ropohl übersetzte dann das Murphysche Gesetz auf deutsch: "Jeder theoretisch von Null verschiedene Wahrscheinlichkeitswert eines negativen Folgeereignisses tendiert empirisch gegen eins".[68]

Aufgrund dieser Überlegungen sollten wir zur ethischen Orientierung für die technische Zivilisation den Hans Jonas nachempfundenen Satz favorisieren, den Ropohl in kritischer Distanz formuliert: "Unterlasse alles, was einen unannehmbaren Schaden für die Menschheit zur Folge haben könnte, auch wenn die zu erwartende Eintrittswahrscheinlichkeit noch so gering ist".[69]

7. *Bei allen größeren Eingriffen ist auf das Recht der Mitsprache der Betroffenen zu achten.*

Die menschlichen Eingriffe in die Natur machen sowohl unsere Mitmenschen als auch nichtmenschliche Lebewesen zu Betroffenen. Letztere können zwar kein Recht auf Mitsprache geltend machen, nur unsere Mitmenschen können dies. Sofern die Eingriffe in die Natur aber globale Auswirkungen zeitigen, ist es Ausdruck des Respekts vor der Natur und vor allem Lebendigen, eine Mitsprache wenigstens als Gedankenspiel zu antizipieren.

Von Bedeutung ist heute, daß durch die Lebensweise der westlich-industrialisierten Welt ungleich mehr als durch die der übervölkerten Dritten Welt die Stoffkreisläufe aufgerissen werden und

---

[67] G. Ropohl, 1987, S. 95.
[68] A.a.O., S. 95.
[69] A.a.O., S. 95.

damit globale und relativ rasche Veränderungen, z.B. des Klimas, herbeigeführt werden. Dies ist aber ethisch nicht akzeptabel, solange die Folgen nicht mit den Betroffenen diskutiert und deren Mitspracherechte berücksichtigt werden.

Die Frage der Mitsprache stellt sich auch im regionalen Bereich: Lärmeinwirkungen, schlechte Qualität der Luft, des Wassers, der Nahrung bis hin zu Schadstoffen in der Muttermilch sind ethisch nicht akzeptabel, solange sie ungefragt produziert werden. Natürlich bringt jeder Eingriff Auswirkungen mit sich. Es kann sich eben nicht um ein absolutes Mitspracherecht handeln, weil es ein gewisses Maß an Einwirkungen im zwischenmenschlichen Handeln notwendig und immer gibt. Aber bei schwerwiegenden Folgen sind zumindest die Interessen der Betroffenen zu berücksichtigen. Es sind auch Dialoge möglich zwischen Verursacher und Betroffenen in ausgewählten Bereichen wie Verbrauch fossiler Stoffe, Abbrennen von Wäldern, Beeinträchtigung der Luft etc. Ein solcher Dialog müßte heute zwischen den reichen und armen Nationen geführt werden, z.B. zum Thema Entschuldung der Dritten Welt gegen Schutz der großen Urwälder.[70]

8. Der Mensch ist Anwalt der Sprachlosen.
Nicht alle leidens- und interessefähigen Lebewesen können an Mitbestimmungsprozessen teilnehmen. Zu denken ist an ungeborene Kinder, an zukünftige Generationen, an Tiere und Pflanzen.

Der Gesichtspunkt, daß wir Menschen Verantwortung für heute sprachlose Lebewesen übernehmen müssen, tritt immer stärker in unser Bewußtsein. Wir sollten aber auch Institutionen erwägen, die es uns ermöglichen, im alltäglichen, politischen und rechtlichen Kontext diese Verantwortung wahrzunehmen.[71]

9. Nichteingreifen hat tendenziell Vorrang vor dem Eingreifen.
Aus den bisherigen Überlegungen lassen sich eine Reihe von Grün-

---

[70] Daß dies prinzipiell möglich ist zeigte die Konferenz von Rio 1992. Doch sind solche Forderungen keine Novität. Vgl. beispielsweise E. U. v. Weizsäcker, 1990, S.125f
[71] Vgl. den Versuch in dieser Sache von M. Brumlik, 1992.

IV. Ein Tugendkatalog für den Menschen

den festmachen, welche diese Regel stützen können: weil wir zu wenig wissen über die Entwicklung der Natur, mit und ohne Einwirkung des Menschen, ist es zumindest intuitiv naheliegend, jedes Eingreifen mit Vorsicht auszuführen, ja zunächst die Frage zu stellen, ob ein Nichteingreifen nicht vorzuziehen wäre. Weiter können wir davon ausgehen, daß die Veränderung der globalen Verhältnisse ursächlich sehr stark in Zusammenhang mit dem menschlichen Eingreifen zu sehen ist. Die beiden bisherigen Menschheitsrevolutionen, der Beginn der Landwirtschaft und die Industrialisierung, sind ja Manifestationen eines solchen Eingreifens. Wenn es aber stimmt, daß rasche und tiefgreifende Veränderungen auf der globalen Ebene gefährlich sind, dann kommt tendentiell der sorgfältigen Bewahrung des Seienden Vorrang zu, zumindest vor einem raschen und einschneidenden Eingreifen.

Ist ein Eingreifen in die Kreisläufe der Natur allerdings unumgänglich, dann sollten wir ein striktes Verursacherprinzip favorisieren. Nebst allen Problemen, die ein solches Prinzip aufwirft, kommt ihm doch besondere Bedeutung und ein hohes Maß an Plausibilität zu. Die Bedeutung liegt in der Identifikation von Akteuren und damit in der Möglichkeit, Einfluß auf diese Akteure auszuüben. Die Plausibilität liegt in dem Umstand, daß das Verursacherprinzip von der Herstellung eines umsichtigen und weitgehend nachprüfbaren Zusammenhanges zwischen den Akteuren und den Folgen einer Handlung lebt. Es läßt sich so etwas wie ein Verweisungszusammenhang zwischen dem Handelnden und den Folgen der Handlung herstellen und beschreiben.[72]

Die Plausibilität dieses Verweisungszusammenhanges macht das Verursacherprinzip zu einem praktikablen Instrument, z.B. im Bereich des Rechts. Es ist eben plausibel, daß jemand verantwortlich ist für das, was er getan, allenfalls nicht getan hat. Von daher gesehen ist es eigentlich erstaunlich, daß das Verursacherprinzip nicht viel stärkere praktische Geltung im Umweltbereich erlangt hat. Rational zu erklären ist dieser Sachverhalt wohl kaum. Daß das Verursacherprinzip einigen Vertretern aus Technik und Industrie

---

[72] Vgl. zur politischen und rechtlichen Problematik des Verursacherprinzips die Studie von E. Rehbinder, 1973.

nicht immer gefällt, ist einleuchtend. Es fördert zutage, was sie oft nicht ans Licht gebracht haben wollen.

Relativiert wird dieses Prinzip automatisch durch den Umstand, daß Verursacher nicht immer eindeutig identifiziert werden können.[73] Dies gilt besonders für die arbeitsteilige und hochkomplexe moderne Gesellschaft. Erschwerend kommt hinzu, daß oft der Exaktheitsgrad der Bestimmung der Ursache oder des Verursachers rigorosen wissenschaftlichen Kriterien nicht standhält, wobei wir fragen können, ob er das überhaupt muß, wenn er in seiner Relativität hinreichend aussagekräftig ist.

10. Es gilt die Forderung auf Umkehr der Beweislast.
In früheren Zeiten konnten die Menschen noch handeln nach dem Motto: ‹Was ich nicht weiß, macht mir nicht heiß›. In den gesellschaftlichen Kontext umgelegt würde dies heißen: ‹Ich kann so weit und so lange handeln, wie mir niemand die Schädlichkeit dieses Tuns nachweisen kann›. Diese Norm ist auch in unsere Gesetze eingegangen. Sie genügt aber den veränderten Verhältnissen von heute nicht mehr. Insbesondere werden durch tiefgreifende, massive, kurzfristige und häufige Eingriffe des Menschen in die Natur Prozesse in Gang gesetzt, deren Folgen längerfristig dramatisch sein können, die aber heute nicht erkennbar sind. Darum muß als regulative Idee heute gelten, daß jeder Akteur sich um den Erweis zu bemühen hat, daß sein Handeln nicht schädlich ist. Diese regulative Idee soll zur handlungsleitenden Maxime des einzelnen, aber auch zu einer Richtschnur für politisches und gesetzgeberisches Handeln werden.

11. Die Schönheit der Natur kann ein Indiz für ein Element der Überlebensfähigkeit sein.
Untersuchungen haben gezeigt, daß Kinder beim Vergleich von Artefakten und natürlichen Dingen letzteren mehr Schönheit zumessen als ersteren.[74] Viele Menschen machen die Erfahrung, daß das

---

[73] Vgl. zum Versuch einer Klassifikation E. Rehbinder, 1973, S. 29 - 34.
[74] Vgl. hierzu H. Ruh, 1991, S. 61.

IV. Ein Tugendkatalog für den Menschen

Natürliche mit dem Empfinden von Schönheit gekoppelt ist. Der spekulative Gedanke sei gewagt, daß der Schönheitssinn des Menschen zutiefst etwas zu tun hat mit der Ahnung von Überlebensfähigkeit. Die Gestaltung von Gärten, Biotopen, Strauchhecken und Bäumen in Wohnquartieren des ‹Savannentieres› Mensch deuten oft auf eine Koppelung von Schönheit, Sicherheit und Wohlsein. Der Gedanke ist erlaubt, daß der Schönheitssinn des Menschen ihn dorthin lenkt, wo er gut leben und überleben kann.

V. Ausgewählte Beispiele für Lösungsstrategien in einer ökologischen Gesellschaft

Im folgenden Kapitel geht es nun um die Frage, wie das Handeln des Menschen nach Wahrnehmung des ökologischen Problems neu gestaltet werden kann. Der Grundgedanke dabei ist folgender: Das menschliche Handeln muß sich konsequent ausrichten auf die ökologisch notwendigen Oberziele: Vermeidung des Aufreißens von Stoffkreisläufen, konsequenter Rückgriff auf erneuerbare Energiequellen, Vermeidung des Ressourcenverschleißes beziehungsweise des Abfalls. Das menschliche Handeln muß sich also möglichst diesen Grundsätzen annähern.

Trotz der imperativen Bedeutung des ökologischen Problems muß sich das menschliche Handeln auf andere Werte und Grundsätze zugleich ausrichten. Neben die Überlebensfähigkeit treten Grundsätze wie Gerechtigkeit, sozialer Ausgleich, Sinnerfahrung und Freiheit.

Das menschliche Handeln muß sich also immer zugleich den Anforderung aller dieser Grundsätze stellen.

Wenn wir nun exemplarisch einige wenige, allerdings zentrale gesellschaftliche, politische, wirtschaftliche und technologische Bereiche unter dem Gesichtspunkt ökologischer Anforderungen skizzieren, dann müssen solche Skizzen stets und gleichzeitig andere schwerwiegende gesellschaftliche Problemkreise einbeziehen.

Neben dem ökologischen Problem ist sicher immer die soziale Frage zu beachten, vor allem im Blick auf nationale und internationale Verarmungstendenzen. Sinn- und Motivationsverlust sind ebenso zu beachten wie all die Probleme, die im Zusammenhang mit dem Bevölkerungswachstum, der Überalterung der Gesellschaft sowie dem Anwachsen der freien Zeit begegnen. Zu beachten sind nach wie vor die großen Gewalt- und Konfliktpotentiale in unserer Gesellschaft. Endlich muß immer im Blick bleiben, daß wir dabei sind, eine hochkomplexe Gesellschaft aufzubauen, die von immer mehr Menschen als Bedrohung empfunden wird, was nicht selten

zum Griff nach vermeintlich einfachen fundamentalistischen Antworten führt.
Die nachstehenden Umrisse einer ökologischen Gesellschaft wollen also immer auch und zugleich Antworten für andere Fragen bereitstellen.

1. Handeln in der Technik

1.1 Das Beispiel Bionik

Die Diskussion um den Begriff der Nachhaltigkeit[75] hat mehr und mehr deutlich gemacht, daß der Mensch im Hinblick auf seine Lebensqualität und die Lebensgrundlagen der zukünftigen Generationen nur dann seinen Lebensraum erhalten kann, wenn er sich mit seiner Lebens- und Produktionsweise in die übrige Natur einordnet. Überlebens- und permanenzfähig ist nur eine Produktionsweise, welche sich auf einige wenige Grundregeln der Natur stützt. Solche Grundregeln sind in erster Linie das Arbeiten in geschlossenen Stoffkreisläufen und die alleinige Nutzung von dezentraler Sonnenenergie. Dazu kommt der Verzicht auf ‹Abfallproduktion› im Sinne einer dispersiven Anordnung von vorher veränderten Stoffen bzw. auf Ressourcenverschleiß.

Die These, die hier vertreten wird, lautet: nur wenn es dem Menschen mittel- und langfristig gelingt, seine Produktionsweise im wesentlichen unter strikter Einhaltung dieser Grundregeln der Natur zu gestalten, hat er eine Überlebenschance. Gelingt ihm das nicht, tritt er zuerst in eine Periode schwerer sozialer und ökonomischer Krisen ein, z.B. im Gefolge von Klimakatastrophen, später sind die menschlichen Lebensgrundlagen selbst in Frage gestellt. In unserem Zusammenhang interessiert nun in erster Linie der technische Aspekt dieser Problematik. Denn durch fehlgeleitetes technisches Handeln sind in der Tat schwere ökonomische Krisen als Bestandteil zukünftiger sozialer Krisen zu erwarten, z.B. im Gefolge der Weltwanderungen von Umweltflüchtlingen. Zu solchen Krisen wird auch die Arbeitslosigkeit gehören, schon deshalb, weil die

[75] Vgl. zum Begriff der Nachhaltigkeit oben S. 32f.

ökologischen Grenzen des traditionellen Wirtschaftswachstums immer penetranter wirksam werden.

Den einzigen Ausweg bieten Technologien und technisches Handeln, welche sich soweit wie möglich an den genannten Grundregeln der Natur ausrichten. Die zukünftige Technologie besteht demnach strukturell in einer ausgewählten aber konsequenten Nachahmung der Natur, das heißt unter anderem in der Entdeckung der geradezu unglaublichen Möglichkeiten, die in der Natur selbst liegen. Man nennt eine Technologie, welche Nachahmung der Natur betreibt, Bionik. In den fünfziger Jahren hat man Bionik aus Effizienzgründen betrieben. Heute muß sie verstärkt aus ökologischen und sozialen Gründen betrieben werden. In diesem Zusammenhang benennt der Brundtland-Bericht die wegweisende Forderung, daß wir Technologien brauchen, "die «soziale Güter» produzieren, wie z.B. verbesserte Luftqualität oder vermehrte Lebensdauer von Produkten, oder die Probleme lösen, die normalerweise außerhalb der Kostenkalkulation individueller Unternehmen liegen, wie z.B. die Kosten zur Beseitigung von Verschmutzung oder Abfall."[76]

Insbesondere Unternehmerinnen und Unternehmer sowie Wissenschaftlerinnen und Wissenschaftler müssen heute Initiativen zur Entwicklung solcher Technologien ergreifen. Gerade Europa könnte sich, mit seinen technologischen und handwerklichen Möglichkeiten, auf die Entwicklung von bionischen Produkten, z.B. im Material- oder Systembereich, konzentrieren. Es könnte, wenn es rasch mit Forschung und Entwicklung begänne, sogar einen Wettbewerbsvorteil auf dem Weltmarkt erreichen. Auf jeden Fall sollten gerade führende Industriezweige in Europa nicht länger Klage führen über die Nichtverkäuflichkeit von teuren ökologischen Produkten. Sie sollten vielmehr heute damit beginnen, Produkte zu entwickeln, welche in zehn Jahren z.B. den Anforderungen der Nachhaltigkeit entsprechen. Ein wirtschaftlicher Aufschwung wäre auf diese Weise sehr wohl möglich, und zwar einer mit langfristig guten Aussichten. In mehrfacher Weise wäre damit ein Beitrag zur Lösung des Arbeitslosenproblems geleistet: sinnvolle und ökologisch ausgerichtete Produktion, Schaffung neuer Arbeitsplätze in

---

[76] Brundtland-Bericht, 1987, S. 65.

der Entwicklungszeit, Sicherung von Arbeitsplätzen in der Zukunft.

Die Forderung auf Umstellung der menschlichen Lebens- und Produktionsweise entsprechend den Regeln der Natur ist nicht voraussetzungslos. Sie wird aufgrund ethischer Postulate erhoben. Diese Forderung lautet nun so: Weil sich die Produktionsweise der Natur in dem Sinne bewährt hat, daß sie permanenzfähige Lebensgrundlagen für Menschen und nichtmenschliche Lebewesen ermöglicht, und weil keine Alternative für diese Zielsetzung in Sicht ist, muß die so ausgedrückte Fähigkeit der Natur erhalten bleiben. Der Mensch stört und zerstört diese Fähigkeit der Natur vornehmlich dadurch, daß er dem Grundsatz der Nachhaltigkeit widerspricht. Dennis L. Meadows hat dies wie folgt definiert:[77]

- Die Nutzungsrate sich erneuernder Ressourcen darf deren Regenerationsrate nicht überschreiten.
- Die Nutzungsrate sich erschöpfender Rohstoffe darf die Rate des Aufbaus sich regenerierender Rohstoffquellen nicht übersteigen.
- Die Rate der Schadstoffemissionen darf die Kapazität zur Schadstoffabsorption nicht übersteigen.

Der Mensch widerspricht in seiner Lebens- und Produktionsweise der Regel der Nachhaltigkeit wie gesagt dadurch, daß er Stoffkreisläufe aufbricht. Letztlich sind es also die durch Menschen für lange Zeit geöffneten Stoffkreisläufe, welche den raschen Wandel der globalen Verhältnisse bewirken. Soll die Qualität der Lebensgrundlagen erhalten bleiben, bleibt also nur die Orientierung an den Regeln der Natur.

Bionik wollte das ungeheure Ideenarsenal der Organismenwelt zunächst eher aus ökonomischen Gründen studieren und nutzen und zwar in dreifacher Hinsicht: als Wissenschaft zur Planung und Konstruktion von Systemen, deren Funktionen solche der biologischen Systeme nachahmen; als Wissenschaft zur Planung und Konstruktion von Systemen, die charakteristische Eigenschaften biologischer Systeme aufweisen und als Wissenschaft zur Planung und Installation von Organisationsstrukturen, die die Wechselbeziehungen biologischer Organisationsmuster nachahmen.

[77] Vgl. D. L. Meadows, 1992, S. 70f.

Von unserer Voraussetzung her, nämlich daß allein die Umstellung auf die Vorgabe der Natur die Lebensgrundlagen permanenzfähig erhält, muß die menschliche Lebens- und Produktionsweise im Sinne einer strikt verstandenen Bionik gestaltet werden. Das heißt, Bionik ist nicht mehr bloß interessant, weil sie beispielsweise kostengünstigere Verfahren und Materialien bereitstellt, sondern sie wird zum eigentlichen Schlüssel für die Erhaltung der Lebensgrundlagen.

Zielsetzungen einer Bionik unter diesen Vorzeichen könnten etwa die Nachahmung der Steuerung komplexer Systeme sein, die Herstellung von Materialien, die Konstruktion von Bauten und Wohnungen und die Nutzung von Organismen, alles im Sinne der Nachahmung der Natur. Der entscheidende Gesichtspunkt dabei ist stets die Vermeidung tiefgreifender und rascher Eingriffe sowie die Vermeidung des Aufreißens von Stoffkreisläufen. Konkrete Beispiele sind Stützelemente wie T-Balken oder Schachtelhalme, die in der Natur vorkommenden Schaumstoffe, z.B. beim indischen Flugfrosch, zugfeste Fäden im Tierreich, trajektorielle Materialanordnung, Sandwichkonstruktionen wie beim Vogelschädel mit der Zwischenschicht aus schwammartiger Knochensubstanz, Skelettbauten, der Pneu in der Natur, z.B. das Aufblasen von Membranen. Weiter Erd- und Höhlenbehausungen, und zwar von den Ameisenbauten bis zu Vogelhöhlen, passive Heizung etwa der Ameisen, Energiekaskaden usw.[78]

Die Wende hin zu den Grundregeln der Natur kann nicht die nostalgische Rückkehr zu einem Vergangenheitsideal sein. Vielmehr ist höchste menschliche Intelligenz, Erfindungsgabe, Phantasie und Kunstfertigkeit im Blick auf die möglichst getreue Nachahmung der Natur in Lebensweise, Technik und Wirtschaft erforderlich.

Wir sollten die von Experten geschätzte Zeitspanne von etwa zwanzig Jahren[79], die uns noch für einen Kurswechsel bleiben, entschlossen für eine Wende zu den Grundregeln der Natur nutzen. Dies ist ein Plädoyer für einen entschlossenen und progressiven Einstieg in eine neue Lebens- und Produktionsweise, bei dessen

---

[78] Vgl. W. Nachtigall, 1982, S. 53ff.
[79] So Meadows in einem Gespräch mit dem Autor. Vgl. auch D. L. Meadows, 1992, S. 32 - 34.

Beginn wir noch größere und kleinere Kompromisse machen müssen.

Die Umstellung auf diese neue Produktionsweise ist eine gigantische Herausforderung für Wissenschaft, Technik, Wirtschaft und Politik. Sie erfordert die Mobilisierung größter intellektueller, praktischer und moralischer Ressourcen. Sie ist eine unausweichliche Herausforderung.

Sollte es sich herausstellen, daß wir noch nicht oder überhaupt nicht in der Lage sind, gewisse heutige Produktionsweisen und Tätigkeiten mit neuen Technologien in Einklang mit den Grundregeln der Natur zu bringen, dann muß kurzfristig oder definitiv darauf verzichtet werden. Nur eine Lebens- oder Produktionsweise, nur gesellschaftliche Ziele, welche mit den genannten Grundregeln der Natur kompatibel sind, sind ethisch gerechtfertigt. Im Moment ist z.B. nicht ersichtlich, ob und wie wir Technologien zur Fortbewegung schwerer Körper entsprechend der genannten Regeln schaffen können. Der Verzicht auf diesbezügliche Zivilisationsgüter liegt, zumindest temporär, nahe.

2. Handeln in der Natur

2.1 Das Beispiel Energie[*]

Ebenso wie die Technologie generell ist die Energiefrage ein zentrales Problem im Blick auf die Realisierung einer an Nachhaltigkeit orientierten Gesellschaft. Im Energieproblem kommen fast alle Fragen zusammen, die wir in diesem Zusammenhang betrachten: Das Energiehandeln steht in engem, ja direktem Zusammenhang mit dem ökologischen Problem; die Energiefrage berührt aber zugleich auch die Problematik um Lebensstandard und Lebensqualität, um Machtfragen und endlich die Problematik um die brennenden sozialen und kulturellen Fragen.

Im Vordergrund steht zunächst die These, daß das gegenwärtig praktizierte Energiehandeln eine zentrale Ursache für das ökologi-

---

[*] Überarbeitete Fassung eines Vortrages des Verfassers, erstmals erschienen in H. Ruh, 1990, S. 26 - 44.

sche Problem darstellt, vor allem im Blick auf die rasche Veränderung klimatischer Verhältnisse. Eine zweite These schließt sich sofort an: Es ist undenkbar, daß sich der Umgang des Menschen mit den verschiedenen Formen der Kernenergie ohne unerträgliche Katastrophen vollziehen kann. Angesichts der Kriminalisierung der menschlichen Gesellschaft sind jenseits von unbeabsichtigten Katastrophen Terrorakte zu erwarten, die nicht akzeptabel sein können. Ein Konzept für den zukünftigen Umgang mit Energie muß diese beiden Thesen berücksichtigen. Vorgängig ist allerdings zu unterstreichen, daß auch ohne die in den beiden Thesen genannten Gefahren das heute praktizierte Energieverhalten unter Gesichtspunkten wie Lebensqualität und Kultur nicht akzeptabel sein kann. Dies soll anhand einiger Überlegungen gezeigt werden.

Arbeit und Konsum, beide heute abhängig von hohem Energieverbrauch, wirken als Verstärker der Außenorientierung des Menschen. Diese geht einher mit einer Abschwächung oder niedrigeren Einstufung der an Innerlichkeit, Mitmenschlichkeit und Kultur orientierten Werte des Menschen und der Gesellschaft.

Außenorientierung heißt zum Beispiel stärkere Abhängigkeit von Konsumgütern oder Bevorzugung von materiellen Gütern wie Verkehrsmittel, was dann als Zerstörung echter menschlicher Kontakte und Kommunikation, aber auch menschlicher Innerlichkeit und Ruhe wirkt. Verstärkung der Außenorientierung hat auch eine bestimmte Tendenz der Problemlösung zur Folge: technische, materielle Probleme werden Lösungen zugeführt; menschliche, soziale, kulturelle Probleme mindestens unterschätzt. Wir stehen heute vor der unleugbaren Tatsache, daß die größten Probleme der Menschheit wie Armut, Gewalt, Wertezerfall, Desintegration, Bevölkerungsexplosion, Umgang mit der Natur, nicht umfassend genug in Angriff genommen werden. Einer der Hauptgründe dafür liegt in der Tragik, daß die moderne Gesellschaft fixiert ist auf außengeleitete Lösungsmuster auch dort, wo moralische, geistige, menschliche und soziale Kompetenz gefordert ist. Mit Volker Hauff läßt sich sagen: "Nur ein kleiner Teil der heute gekauften Produkte erfüllt einen positiv zu bewertenden Bedarf. Ein weit größerer Teil wird gekauft, um Bedürfnisse zu befriedigen, deren Hauptquelle in den Nebenwirkungen der gesellschaftlichen Fehlentwicklung liegt, zum Beispiel starke Abhängigkeit vom Auto als Folge der großräumigen Siedlungsstruktur, Fitneßclubs als Folge mangelnder Bewegung, Medikamente gegen Übergewicht, Psychopharmaka als Spiegelbild der Hilflosigkeit, Unsicherheit und Verzweiflung des heutigen Menschen".[80] Endlich wäre darauf hinzuweisen, daß Außenorientierung auch eine Verstärkung der Abhängigkeit des Menschen bedeutet. Die Konzentration auf äußere Werte wie Konsumgüter vermindert zum Beispiel die Handlungsfähigkeit des Menschen im Bereich der Gesundheit. Erwähnenswert ist die Vermutung von Jonas, "daß schon die äußerlich guten Zeiten mit einer inneren Verwüstung des Menschen erkauft sein können, die vielleicht nicht weniger irreparabel wäre als die der Umwelt."[81]

Der hohe Energieverbrauch im Rahmen der Industriegesellschaft löst die falschen Probleme:
Die schwerwiegendsten Probleme unserer Zeit sind nicht mit materiellem Einsatz, sondern mit politisch-geistig-moralischen Mitteln zu lösen, wie der Präsident des Club of Rome, Aurelio Peccei, in seinem Buch eindrücklich dargelegt hat:[82]
- Bevölkerungsexplosion,
- Nichtvorhandensein von Plänen und Programmen,
- Zerstörung der Biosphäre,
- Krise der Wirtschaft,
- Rüstungswettlauf,
- tiefgreifende soziale Übel,
- Überalterung und Verknöcherung der Institutionen,
- Mangel an moralischer und politischer Führung.

Diese Liste trifft immer noch die wichtigsten Aufgaben und Krisen der Zukunft. Die damit verbundenen Probleme lassen sich durch einen höheren Energieverbrauch kaum oder nur zum allergeringsten Teil lösen. Zu vermuten ist vielmehr, daß manche dieser Probleme mit weniger Energie besser zu lösen wären (zum Beispiel Zerstörung der Biosphäre, Rüstungswettlauf, soziale Übel).

[80] V. Hauff, 1978, S. 281.
[81] H. Jonas, D. Mieth, 1983, S. 15.
[82] Vgl. A. Peccei, 1981, S. 113ff.

"Weiche" Energieformen haben positivere soziale Auswirkungen als "harte" Energieformen:
An dieser Stelle soll kurz auf den Umstand hingewiesen werden, daß es nur im Sinne einer abgekürzten Darstellung erlaubt ist, von ‹hohem Energieverbrauch› als von einer absoluten und eindeutigen Größe zu sprechen. Es stellt sich natürlich sofort die Frage nach der Form der verbrauchten Energie beziehungsweise nach den Energieträgern. Hier geht es um eine Behauptung, die Amory Lovins in einer grundsätzlich überzeugenden Weise aufgestellt und begründet hat. Lovins definiert "soft energy technologies" im Sinne von "diverse renewable sources that are relatively simple from the user's point of view (though often technically very sophisticated) and that are matched in scale and in energy quality to our range of end-use needs."[83] Die Grundthese besteht in der Behauptung, daß ‹weiche› Energiequellen positivere ökologische und soziale Auswirkungen zeitigen. Damit sind weiche Energiequellen kompatibel mit den im ersten Teil dieses Buches genannten Kriterien der Ehrfurcht vor dem Leben und vor dem in langer Zeit Gewordenen, der Vermeidung unnötigen Leidens, der Forderung, Gleiches auch gleich zu behandeln sowie die Wohlfahrt aller zu fördern. Zusammenfassend lassen sich diese Erkenntnisse beschreiben als: "soft energy paths

- increase the variability and reduce the vulnerability of the social system,
- reduce social conflicts,
- reduce social inequities,
- increase democracy, social participation, and freedom,
- reduce population and population concentration,
- reduce international inequities, tensions, instabilities, and destructiveness."[84]

Die Gefährdung eines Wahrnehmungs- und Bedürfnisgleichgewichts:
Die Abschirmung gegenüber den Wirkungen der Natur durch unser

---

[83] A. Lovins, 1977, S. 478. Vgl. dazu auch die ausführlichen Darstellungen in: Ders., 1978 sowie den Bericht des First European Symposium on ‹Soft Energy Sources at the Local Level›, 1988, v.a. S. 3 - 9, S. 89 - 99, S. 100 .

[84] Zusammengefaßt gem. A. Lovins, 1978, S. 479 - 481 u. S. 499 - 511.

V. Ausgewählte Beispiele für Lösungsstrategien

Energiesystem und die damit verbundene Entwicklung von Techniken gefährden die menschliche Wahrnehmung von Naturzusammenhängen und damit die Handlungsfähigkeit des Menschen.

- Viele Menschen kennen den Wald nicht mehr und sind heute überrascht durch seine wachsende Zerstörung.
- Kälte und Wärme, Tag und Nacht sowie die Jahreszeiten werden durch Klimaanlagen geregelt. Der gesamte Energiebereich wird immer mehr dem direkten Erlebniszugang des Menschen entzogen. Problematisch sind die Folgen sowohl für die innere Orientierung des Menschen als auch für seine Orientierung im Ganzen der Natur.
- Der Verlust der physischen Anstrengung hat ebenfalls Auswirkungen auf das menschliche Wahrnehmungsverhalten.[85]
- Der Kontakt mit der Umwelt geschieht immer mehr mittelbar: über Schaltungen, Steuerungen etc., auch über das Steuerrad des Autos. Die Einwirkungen auf die Umwelt werden nicht mehr physisch erfahren. Vielleicht läßt sich so die Toleranz gegenüber den Todesfällen auf der Straße, aber auch die Planung und den Einsatz von Massenvernichtungsmitteln im Krieg erklären. Die Leidensfähigkeit des Menschen und damit die Bereitschaft des Leidens werden ausgeschaltet und aus dem Regelkreis zwischen Mensch und Natur herausgenommen.

Das Energiesystem hat so Auswirkungen auf die menschliche Bedürfniskonstellation. Seev Gasiet stellt in seinem wichtigen Buch: ‹Menschliche Bedürfnisse› die Frage, warum der Mensch angesichts der Gefahr der totalen Vernichtung durch Krieg oder Umweltzerstörung weitgehend "kein Bedürfnis hat, die Gefahr zu erkennen?"[86] Das heißt doch: Ist der Mensch noch fähig, bezogen auf die Anordnung seiner Bedürfnisse, richtig zu reagieren?

Die Frage ist hier zu stellen, ob der Mensch in seinem Bedürfnishaushalt überhaupt in der Lage ist, auf eine so stark veränderte Umwelt sinnvoll zu reagieren; oder wir könnten die Frage umdrehen und formulieren, daß das jahrtausendealte Gleichgewicht zwischen Werten wie Tapferkeit, Schnelligkeit, Macht, Gewalt, Lei-

---

[85] Vgl. K.M. Meyer-Abich, L. Schefold, 1981, S. 33f.
[86] Vgl. S. Gasiet, 1981, S. 321.

stung einerseits, Verzicht, Barmherzigkeit, Liebe andererseits massiv gestört ist. Die Folgen von Tapferkeit, Größe, Schnelligkeit, Kühnheit sind heute ganz andere als in einer vorindustriellen und vorelektronischen Zeit.

Mit Recht hat Hans Jonas behauptet: "Unsere Macht ist gefährlicher als unsere Ohnmacht."[87] Die Fähigkeit des Machens, der Fortschritt, drohen "zu vielleicht unheilbaren Umweltverwüstungen zu führen."[88] Und der alte, sicher bemerkenswerte Wert der Tapferkeit wird angesichts moderner Möglichkeiten zum Problem. "Unstreitig ein Wert hohen Ranges in der Vergangenheit, hat sie im Bilde einer Zukunft, die dauern soll, kaum noch Platz."[89] Die Kriegsvermeidung wird wegen der Entwicklung der Kriegstechniken selbst zur Überlebensfrage der Menschheit; und auch in solchen bewaffneten Konflikten, die vor dem äußersten Mittel haltmachen, hat die persönliche Tapferkeit gegenüber der alles entscheidenden Macht unpersönlicher Technik immer weniger zu bestellen. Hier wird also ein Wert obsolet in dem doppelten Sinne, "daß die Menschheit sich die Gelegenheit zu seiner Aktualisierung nicht mehr erlauben darf, und wenn sie es doch tut, die Gelegenheit selbst als ihm entfremdet dasteht."[90]

Der Mensch bleibt der alte, die Mittel werden gefährlicher:
Der Mensch war schon immer ein unvollkommenes Wesen. Die christliche Theologie spricht in diesem Zusammenhang von der grundsätzlich sündhaften menschlichen Natur: Feindschaft, Gewalt, Unterdrückung, Egoismus und Überheblichkeit sind Beispiele dafür. Der Unterschied zwischen früher und heute besteht im wesentlichen darin, daß sich der sündhafte Mensch heute ganz anderer, weitreichenderer Mittel der Destruktion bedienen kann. Bereits das Steinbeil war in dieser Hinsicht ein gewaltiger Sprung in bezug auf die bloße Faust. Ganz zu schweigen heute von den Möglichkeiten der Kriegführung, der elektronisch gesteuerten Unterdrückung, der Naturzerstörung. Die Mitgeschöpflichkeit und die Einsicht in die

---

[87] H. Jonas, D. Mieth, 1983, S. 13.
[88] A.a.O., S. 15.
[89] A.a.O., S. 17.
[90] A.a.O., S. 17.

V. Ausgewählte Beispiele für Lösungsstrategien

Relativität des Menschen sind wie nie zuvor gefährdet. Es ist kein Zufall, daß die Zeit der Industrialisierung einherging mit einem optimistischen - jede Relativität vermissenden - Menschenbild, was die sündhafte menschliche Natur betrifft. Francis Bacon sprach in diesem Zusammenhang von einer "Reinigung" und "Läuterung" des "menschlichen Verstandes"[91]. Aber der Glaube an den durch Energie und Industrialisierung geförderten Marsch zurück ins Paradies war wohl eine echte Ideologie, die einfach notwendig war für die Legitimation des Tuns. Heute stehen wir vor der Tatsache, daß wir eine Apparatur aufgebaut haben, welche eigentlich nur in die Hände eines Menschen gehört, den es bisher nicht gegeben hat, und den es auch nie geben wird. Der Mensch ist heute im Besitz von destruktiven Mitteln, welche beispielsweise die Zerstörung der ganzen Schöpfung möglich machen. Aber sein Vermögen zu vernünftiger Handhabung dieser Mittel ist stark beschränkt. Dieser Gedanke war es wohl, der C. F. von Weizsäcker dazu bewogen hat, zu zweifeln an der Fähigkeit des Menschen zum vernünftigen Umgang mit Atomenergie. Woher nur nehmen wir den kühnen Glauben, daß die Menschheit, die einen Adolf Hitler hervorgebracht hat und die heute angefüllt ist mit Gestalten, die zu jeder Gewalttat entschlossen sind, rational mit der höchst gefährlichen Apparatur umgehen wird?

Die mit hohem ‹hartem› Energiekonsum verbundenen Sicherheitsfragen können die menschlichen und sozialen Voraussetzungen überfordern:
Hoher Energieverbrauch hängt zusammen mit Kernenergie. Daß Kernenergie Sicherheitsfragen in einem ungewohnten Ausmaß aufwirft, ist unbestritten. Das berühmte Zitat A. Weinbergs lautet wie folgt: "Wir Atomfachleute haben mit der Gesellschaft einen faustischen Pakt geschlossen. Einerseits bieten wir ... eine unerschöpfliche Energiequelle ... aber der Preis, den wir von der Gesellschaft für diese magische Energie fordern, ist sowohl eine Wachsamkeit, als auch eine Dauerhaftigkeit unserer sozialen Institutionen, die für uns ganz ungewohnt sind."[92] Unter dem Aspekt der So-

---

[91] F. Bacon, 1990, S. 31.
[92] Zit. nach A. Rossnagel, 1983, S. 238.

zialverträglichkeit lief in der BRD ein Forschungsprogramm, das sich u.a. auch mit dem Sicherheitssystem kerntechnischer Anlagen befaßt. Der hier zitierte Band ist ein Produkt dieses Projekts. "Viele Fragen sind in diesem Zusammenhang zu stellen. So etwa, ob es gesellschaftlich wünschbar ist, die für die Kernenergiegesellschaft benötigten Überwachungsorganisationen zu schaffen, mit allem, was dazugehört. Man kann sich fragen, ob Staat und Bürger nicht überfordert sind, vor allem noch in einer zukünftigen Gesellschaft mit erhöhten sozialen Konflikten, Konsensverlust und terroristischen Möglichkeiten. Die notwendige Überwachung kann sehr wohl in ernsthafte Konflikte mit der Sicherung der bürgerlichen Freiheit geraten."[93] Bedenkenswert ist aber nach wie vor die Aussage des Philosophen G. Picht aus dem Jahre 1978: "Der Schutz der Anlagen muß über Tausende von Jahren hinweg garantiert werden können. Weder Naturkatastrophen, noch Epidemien, Wirtschaftskrisen, Revolutionen, Bürgerkriege oder Kriege dürfen die komplizierten Sicherungsmaßnahmen außer Kraft setzen, die alle Sachkenner für unentbehrlich halten. Das fordert eine politische und soziale Ordnung, die ebenso lang stabil bleibt, wie die ganze uns bekannte Menschheitsgeschichte bisher gedauert hat. Wer behauptet, eine Plutonium-Ökonomie sei *sicher*, muß sagen, wie er einen solchen Zustand herstellen will."[94]

Die Zerstörung von Kulturen, Traditionen und Werten:
Die Industriegesellschaft bringt, gerade durch den Einsatz von Energie, den gesamten uralten, historisch gewachsenen Kulturhaushalt der Erde völlig durcheinander. Daniel Bell hat einmal darauf hingewiesen, daß die Einführung des Autos in den USA eine eigentliche kulturell-moralische Revolution ausgelöst hat: "Die soziale Kontrolle am Ort wurde gesprengt, im Auto kann sich jeder dieser Kontrolle und also den geltenden Normen entziehen. Man steht am Anfang der permissiven Gesellschaft."[95] Verkehrs- und Kommunikationsmittel erlauben eine physische und ideologische Penetration und

---

[93] A.a.O., S. 207ff.
[94] A.a.O., S. 239.
[95] D. Bell, 1976, S. 84ff.

Migration grundsätzlich aller an alle Orte, verbunden mit kulturellen Konflikten, vor allem aber mit einem Verlust für historisch gewachsene Institutionen. Der dadurch mögliche Pluralismus macht alles relativ. Kulturen werden abgebaut, Normen und Werte zerstört, Sitten und Verhaltensweisen negativ tangiert. Der Mensch, der nach Gehlen Institutionen für das Überleben braucht, steht bald vor der Situation, daß die Selbstverständlichkeit von Institutionen, Werten und Traditionen völlig reduziert worden ist, und daß solche Institutionen eigentlich neu aufgebaut werden müssen. Darin liegt aber wohl eine völlige Überforderung für den Menschen: Zerfall von Werten, totaler Pluralismus sowie Konsens- und Regierungsunfähigkeit sind die Folgen.

Die Schaffung einer künstlichen Welt:
Energie und Industrialisierung erlauben die zunehmende Artefaktizierung der Welt. Die Natur wird mehr und mehr zur vom Menschen gemachten Welt, sie wird zur künstlichen Welt umgestaltet. In rasanter Geschwindigkeit und in schier unvorstellbarer Ausdehnung werden Böden asphaltiert, Bäume und Wälder abgeholzt oder zerstört, Aussichten verbaut, Flüsse und Bäche genormt. Wir sind dabei, eine Kunstwelt aufzubauen, die aus Kunststoffen besteht. Bei der Umwandlung natürlicher Stoffe in Kunststoffe ist in erster Linie an die Möglichkeiten der Energie zu erinnern. Denn eine künstliche Welt muß ständig unterhalten werden. Der Mensch wird einerseits zum außenorientierten Operateur. Andererseits stellt sich die Frage, wieweit er sich in einer künstlichen Welt heimisch fühlen kann.

Nach diesen Überlegungen, welche die problematische Seite des gegenwärtig praktizierten Energiehandelns unter Aspekten wie Lebensqualität und Kultur aufgezeigt haben, kommen wir nun auf die eingangs vorgestellten Thesen zurück. Selbst wenn die gegenwärtige Energiepolitik unter dem Aspekt der Lebensqualität oder der Machtverteilung befriedigend wäre, muß eindeutig festgehalten werden, daß sie aus zwei Gründen absolut unakzeptabel ist: Das Verbrennen fossiler Stoffe ist der bedeutendste Faktor bei der Entstehung des ökologischen Problems und die Gefahren von Unfällen oder des Mißbrauchs von Kernenergie durch Terrorgruppen sind unakzeptabel für die menschliche Gesellschaft. Es ist also unausweichlich, daß wir uns nach Alternativen für das menschliche Energiehandeln umsehen.

Die Suche nach Alternativen ist aber darum sehr schwierig, weil die heutige Industriegesellschaft ihre Organisation so auf die Energiegewinnung durch Verbrennung abgestellt hat, daß Alternativen praktisch als fast unmöglich erscheinen.

Alternativen sind jedoch keineswegs undenkbar. Wir wissen heute sehr genau, daß durch die Nutzung dezentraler Sonnenenergie ausreichend Strom und Wärme produziert werden könnte, so daß die Grundbedürfnisse aller Menschen gedeckt und darüber hinaus zivilisatorische Erleichterungen sowie ein gewisser Komfort und technische Entwicklungen ermöglicht werden könnten. Zwar müßten vorerst bestimmte Prioritäten gesetzt werden: Nicht alle Bedürfnisse, vor allem nicht im Bereich der Mobilität, könnten gleichzeitig und rasch gedeckt werden. Aber es ist heute nicht mehr ein wissenschaftlich-technologisches, sondern ein ökonomisch-politisches Problem, wie wir zu einem ökologisch vernünftigen Energiehandeln gelangen. Eine Strategie für ein ökologisch vernünftiges, d.h. an Nachhaltigkeit orientiertes Energiehandeln müßte in den Grundlinien wie folgt aussehen.

1. Konsequente Ausrichtung der Forschung auf Gewinnung und Anwendung von Energie, welche dem Gebot der Nachhaltigkeit entspricht, d.h. im Prinzip konsequente Reduktion, bis hin zum Verzicht auf Verwendung fossiler Energie.
2. Verfolgen einer internationalen Abkommenspolitik bzw. Konzeption eines Energiepaktes, wonach die technisch hochentwickelten Länder den weniger entwickelten Ländern helfen, den eigenen Weg zu einer vernünftigen und ökologischen Energiepolitik zu realisieren. Exemplarisch ist hier an den Fall von China zu denken: Die dort anvisierte auf Verbrennung von Kohle gestützte Energiepolitik wird auch für die übrigen Gebiete der Erde zur ökologischen Katastrophe werden.

3. Einführung eines Energiepreises, der die langfristigen Kosten des Energieverbrauchs, inbegriffen die ökologischen Folgen, angemessen berücksichtigt.
4. Rückführung des wirtschaftlichen Schwerpunktes in die Regionen, d.h. Verzicht auf den wahllosen Transport aller möglicher Güter im Rahmen eines liberalisierten Welthandels. Notwendig ist dabei eine klare Prioritätsordnung: Weil wir nicht alles gleichzeitig haben und transportieren können, müssen wir Prioritäten unter ökologischen Gesichtspunkten und unter dem Gesichtspunkt der Deckung von Grundbedürfnissen setzen. Eine solche Prioritätensetzung ist nicht denkbar ohne mindestens vorübergehende drastische Senkung von Mobilität beziehungsweise Transport.
5. Der Übergang zu einer so skizzierten Energiepolitik könnte stark von großen internationalen Unternehmen gefördert werden. Diese müßten längerfristig planen und werden in ihre Planung zukünftig unausweichliche Änderungen der Energiepolitik, z.B. höhere Energiepreise und CO_2-Abgaben, einbeziehen müssen. Indem sie aber so planen und handeln, setzen sie neue Rahmenbedingungen für eine zukünftige Energiepolitik, die auch unter Konkurrenzbedingungen wirksam werden könnte: Die großen Unternehmen könnten so zu Sympathisanten einer kostengerechten staatlichen Energiepolitik werden und damit dazu beitragen, daß sich das Energieverhalten aller zu verändern beginnt.

2.2 Das Beispiel Boden

Ganz besonders orientierungslos im Hinblick auf das Handeln in der Natur sind wir in unserem Verhalten zum Boden geworden.

Orientierungen waren in der Geschichte beispielsweise durch die Brache oder die Dreifelderwirtschaft gegeben, die wir noch vor gar nicht langer Zeit auch bei uns kannten und die sich in prägnanter Formulierung beispielsweise im Alten Testament findet: "Sechs Jahre sollst du dein Land bestellen und seinen Ertrag einsammeln. Im siebenten Jahr aber sollst du es brach liegen lassen und freigeben, damit die Armen deines Volkes sich davon nähren können. Und was übrig bleibt, mag das Wild des Feldes fressen".[96] Eine solche Orientierung ist auch zur Zeit des Alten Testaments nicht einfach vom Himmel heruntergefallen. Sie ist eine uralte Menschheitserfahrung über gelingendes und gelungenes Leben im Zusammenleben von Mensch, Tier, Pflanze und Boden. Ihr entspricht eine Rationalität, die unserem neuzeitlich technischen Denken abhandengekommen scheint, ja wir müssen erkennen, daß die moderne Entwicklung uns solche Orientierungen unter den Füßen weggezogen hat, zum Teil aus ökonomischen Gründen.

Daß allen Menschen ein fairer Anteil an der Nutzung des Bodens für vitale Funktionen wie Wohnen und Nahrung zukommen soll, liegt auf der Hand. Wir sehen uns aber heute vor das Problem gestellt, daß wir die Nutzung des Bodens auch mit den noch nicht geborenen zukünftigen Generationen sowie mit nichtmenschlichen Lebewesen fair teilen sollen.

Der Boden ist einerseits Voraussetzung für jedes gelingende Leben, andererseits ist er selbst Leben. Er besteht weitgehend aus allerkleinsten Organismen. Den Boden haben die Menschen als Gabe empfangen. Diesen Sachverhalt drückt die Bibel mit dem schroffen Satz aus: "Grund und Boden darf nicht für immer verkauft werden, denn das Land ist mein".[97] Auch wer nicht vom Schöpfer reden mag, muß doch anerkennen, daß die Menschen eine Lebensgrundlage wie den Boden weder selbst geschaffen haben noch je wieder werden schaffen können. Ehrfurcht vor dieser Lebensgrundlage ist so das Mindeste, was zu fordern ist.

Aber der scheinbar schroffe Satz bewahrt noch eine andere Erfahrungsweisheit. Wenn es heißt: "Grund und Boden darf nicht für immer *verkauft* werden, denn das Land ist mein" hat das auch eine besondere Bedeutung im Hinblick auf die Eigentumsverhältnisse beim Boden. Dieses Erfahrungsbewußtsein führte im Idealfall dazu, daß das Land nicht verkauft, sondern verlost wurde. Einige alttestamentliche Bezeichnungen für den Boden weisen in diese Richtung: ‹chebel› bedeutet Meßschnur, ‹chelq› bedeutet Anteil am ge-

---

[96] 2. Mose 23,10-11.
[97] 3. Mose 25,23.

V. Ausgewählte Beispiele für Lösungsstrategien

meinsamen Landbesitz und ‹goral› heißt Los, Losanteil. Auch wenn die Praxis zur Zeit des Alten Testaments ganz anders aussah, ist doch die Erinnerung der Sprache bedeutsam. Es ist die Erinnerung an den Umstand, daß der Boden nicht einfach als Ware behandelt und gehandelt werden darf. Dies schon aus dem Grunde nicht, weil er nicht vermehrbar ist. Aber auch darum, weil er sich nicht dafür eignet, den ökonomischen Gesetzmäßigkeiten ungebremst ausgesetzt zu sein.

Genau das aber ist der Punkt, der uns heute Probleme schafft. Wir haben den Boden ökonomisiert und monetarisiert. Wir können es auch so ausdrücken: Das Ziel ökonomischen Handelns ist die Überwindung der Knappheit, und zwar der relativen Knappheit. Relative Knappheit heißt z.B., daß ein bestimmtes Gut nicht dort ist, wo es gebraucht wird, und nicht in der Form da ist, wie es gewünscht wird. Zu leisten ist also entweder eine Ortsverschiebung oder eine Veränderung der Form, z.B. die Herstellung eines Hauses aus Steinen. Aber nun übertragen wir die Gesetzmäßigkeit dieser Überwindung der relativen Knappheit auf ein Gut, das absolut knapp ist, eben den Boden. Ihn können wir weder stark verändern, noch vermehren, noch massiv transportieren. Es ist also schon von daher fragwürdig, ihn den ökonomischen Gesetzen des Menschen ungebremst auszusetzen.

Ebenso gefährlich ist es, ihn den Gesetzen der menschlichen Zivilisation auszusetzen. Es ist ein zentraler Zug dieser Zivilisation, daß sie dem Menschen Erleichterung, Komfort und Erhöhung der Mobilität und der Geschwindigkeit bringen soll. Aus unerklärlichen Gründen ist es gerade die Geschwindigkeitspathologie, welche den Menschen gepackt hat. Der Boden ist aber in höchstem Maß davon betroffen. Der Geschwindigkeit zuliebe pflastern wir ihn mehr und mehr mit Straßen und Parkplätzen zu.

Der Boden braucht den Schutz vor den ökonomischen Gesetzen und der menschlichen Zivilisation. Die Erinnerung stünde uns wohl, daß der Boden Lebensgrundlage und zugleich Leben ist. Es ist aber zutiefst fraglich, ob Leben derart instrumentalisiert werden darf. In der Eigentumsfrage in bezug auf den Boden spiegelt sich also gewissermaßen ein zentraler Aspekt des ökologischen Problems.

Die unvermehrbare Lebensgrundlage Boden ist von einer derartigen vitalen Notwendigkeit für alle, daß das Eigentum nicht unbeschränkt gelten kann. Auf der anderen Seite haben wir heute gelernt, daß die Eigentumsfrage allein nicht die letztentscheidende Frage ist. Es kommt vor allem auf die Verfügungsgewalt, nicht bloß auf die Form des Eigentums an. Interessanterweise wird neben dem Gedanken der Sozialpflichtigkeit in einigen Texten des Alten Testaments auch von der Wahrnehmung gesprochen, daß der Mensch mit dem, was ihm selber gehört, sehr oft pfleglicher umgeht als mit etwas, das einer anonymen Kollektivität gehört. Die Bewahrung des Familienbesitzes war für die bäuerliche Gesellschaft des Alten Testaments offenbar von großer Bedeutung. Wir sollten uns heute daran erinnern.

Überblicken wir all diese Elemente, dann sollten wir zu dem Schluß gelangen, daß die Eigentumsfrage leidenschaftslos und jenseits von Ideologien anzugehen ist. Es ist nämlich zu fragen, welche Eigentumsformen für die Bewahrung, die Pflege und den sorgfältigen Umgang mit dem Boden von Bedeutung sein könnten. Sicher folgt aus einer solchen Überlegung die Forderung auf eine breite Streuung des Eigentums. Aber auch diese Forderung kann nicht als absolute gelten; es könnte daraus eine noch stärkere Zersiedelung folgen.

Ausgehend von der Feststellung, daß die Ethik nach Regeln für das gelingende Leben sucht, muß die Erhaltung des Bodens als Lebensgrundlage, ja auch als Leben selbst, unser oberstes Ziel sein. Die Sensibilität für die Lebenschancen der zukünftigen Generationen, aber auch der nichtmenschlichen Lebewesen, entspricht diesem obersten Ziel. Von dort her müssen Umgangsformen in bezug auf den Boden entworfen werden.

Der haushälterische Umgang mit dem Boden muß eine klare Prioritätsordnung einhalten, und zwar in der Reihenfolge: Bewahrung der Lebensgrundlagen für Mensch und Natur; Deckung der elementaren Bedürfnisse der Menschen; faire Konfliktregelung im Konflikt zwischen zivilisatorischen Bedürfnissen der Menschen und den Basisbedürfnissen nichtmenschlicher Lebewesen; Gerechtigkeit unter den Menschen.

Die Bodennutzung des Menschen darf keinesfalls die Lebens-

V. Ausgewählte Beispiele für Lösungsstrategien

grundlagen auf der Ebene der Menschheits- und Naturgeschichte gefährden. Diese ethische Regel gilt absolut und kann auch nicht durch fehlendes Wissen, unsichere Vermutungen oder geringe Eintretenswahrscheinlichkeit von Schäden relativiert werden. Der Umgang des Menschen mit dem Boden, das heißt, die zivilisatorischen Ansprüche an den Boden, müssen sich rechtfertigen vor dem Hintergrund dieser ethischen Prioritätsordnung. Für die übrigen Konflikte sind faire Regeln anzustreben. Konflikte, die unter Menschen zu regeln sind, zum Beispiel Fragen der Gerechtigkeit, dürfen nicht auf Kosten nichtmenschlicher Lebewesen gelöst werden, zumindest nicht prioritär.

Desweiteren verlangt der haushälterische Umgang mit dem Boden nach einer neuen Logik in der Behandlung aller Nutzungsbereiche. Sowohl die einzelnen Nutzungsbereiche (Nahrungsbeschaffung, Wohnen, Mobilität, Abfallverhalten) wie die wirtschaftlich-rechtlichen Ordnungsvorstellungen für diese Nutzung sind von der genannten Prioritätsordnung neu zu durchdenken. Nahrungsbeschaffung, Wohnen, Mobilität und Abfallverhalten sind demnach zu prüfen nach der Logik dieser Prioritätsordnung: auf welche Weise entsprechen sie den langfristigen gattungs- und naturgeschichtlichen Erfordernissen? Inwiefern sind sie zur Deckung von Basisbedürfnissen notwendig? Wie geschieht die faire Konfliktregelung mit anderen Lebewesen? Wie läßt sich Gerechtigkeit unter den Menschen herstellen ohne zusätzliche Belastung der nichtmenschlichen Lebewesen?

Nahrungsbeschaffung und Wohnen sind Basisbedürfnisse des Menschen. Sie sollen so befriedigt werden, daß den langfristigen gattungs- und naturgeschichtlichen Erfordernissen entsprochen wird. Mobilität und Abfallverhalten sind, vor allem in dem heute praktizierten Ausmaß, nicht als elementar notwendig zu bewerten. Beide Bereiche müssen vor den langfristigen Erfordernissen und den Ansprüchen nichtmenschlicher Lebewesen speziell gerechtfertigt werden.

Wirtschaftlich-rechtliche Ordnungsvorstellungen wie Eigentum, Preispolitik, Markt, Planung, Zonenpläne, Ausnutzungsziffern, Anlagepolitik, Hypothekarpolitik etc. sind ebenfalls von der genannten Prioritätsordnung her unvoreingenommen zu überprüfen.

Diejenige Regelung, welche der Prioritätsordnung am ehesten entspricht, ist die Vorzugsordnung, was bedeutet, daß beispielsweise Entscheidungen über die Eigentumsform im Lichte dieser Prioritätsordnung zu fällen sind.

2.3 Das Beispiel Wald- und Landschaftsplanung

Fragen wir zunächst nach der Bedeutung des Waldes im Lichte einer ökologischen Ethik. Im Blick auf die Sicherung von Langfristigkeit, Nachhaltigkeit und Stabilität des Gesamtsystems spielt der intakte Wald eine entscheidende Rolle. Der Wald ist mehr als eine Ansammlung von Bäumen, er ist eine eigenständige, nicht von Menschenhand geschaffene Lebensgemeinschaft, die sich auch ohne menschliches Zutun erhält und die verschiedenartigsten Wirkungen zu erbringen vermag. Es muß unser Bestreben sein, nicht nur den Holzvorrat zu erhalten und gegebenenfalls nachhaltig zu nutzen, sondern denselben Grundsatz der Nachhaltigkeit in allen seinen biologischen und ökologischen Komponenten und Zusammenhängen zu sehen, also auf die ganze Lebensgemeinschaft Wald zu erweitern.[98]

Auch hinsichtlich der Biodiversität bzw. Artenvielfalt ist der Wald von zentraler Bedeutung. Diese gilt sowohl hinsichtlich der Stabilität menschlicher Lebensmöglichkeiten als auch der Erhaltung der Lebensmöglichkeiten nichtmenschlicher Lebewesen. Zur ethischen Begründung der Artenvielfalt sind eine Reihe von Grundsätzen zu beachten wie:

- Die genetische Vielfalt ist Voraussetzung für Stabilität und damit für Überleben insgesamt.
- Die Artenvielfalt erhält für das Überleben potentiell unabdingbare Teile des Systems.
- Die Zerstörung der Artenvielfalt im heutigen Tempo und Ausmaß gab es noch nie. Sie ist durch eine einzige Art verursacht und somit unzulässig, weil unverhältnismäßig. Die Folgen des Zerstörungsprozesses sind nicht absehbar.

---

[98] Vgl. H. Ruh, 1992, S. 881.

V. Ausgewählte Beispiele für Lösungsstrategien 101

- Wenn die Natur Arten aussterben läßt, sorgt sie für Ersatz. Der Mensch dagegen zerstört die Arten ersatzlos. (Die Meinung, der Mensch könnte mit Gentechnologie die Verluste wettmachen, ist Hybris).
- Artenvielfalt ist Teil der überlebenswichtigen natürlichen Strategie des ‹trial and error›.
- Es kann und darf nicht richtig sein, daß der Mensch ohne lebensnotwendigen Grund zerstört, was er nicht gemacht hat und nie wird machen können.

Verantwortliche Nutzung heißt faire Aufteilung der Ressourcen. Es ist kaum richtig, wenn sich der Mensch so verhält, daß er in kurzer Zeit unverhältnismässige zerstörerische Eingriffe in die Lebensgrundlagen anderer tätigt. Verantwortliche Nutzung geschieht in Ehrfurcht vor dem, was in langer Zeit geworden ist, was der Mensch nicht gemacht hat und so nicht wieder machen kann. Die fehlende Einsicht in das ganze System und die fehlende Notwendigkeit nötigen zur Vorsicht bei allen Eingriffen in die Natur.

Der Wald spielt eine große Rolle bei der Erhaltung lebenswichtiger Ressourcen: allen voran sind Boden, Luft und Wasser zu nennen. Wenn es stimmt, daß das ökologische Problem zutiefst ein Stoffkreislaufproblem ist, dann ist die Bedeutung des Waldes, im Blick auf das Potential von Ressourcenerneuerung überhaupt, nicht hoch genug einzuschätzen, es kommt ihm sogar eine Schlüsselstellung zu, denn er ist nicht zuletzt ein Frühwarnsystem für ökologische Gefahren.

Es seien hier nun einige Beispiele für ethisch-ökologische Richtlinien der Wald- und Landschaftsnutzung[99] aufgelistet, denn "Einsicht ... in die biologisch bedingten Veränderungen des Bodens, der Wasser- und Luftqualität müßten - mit Blick auf die Erhaltung der Produktivität der Umwelt im Zentrum forstlicher Bemühungen stehen."[100]

- Erhaltung möglichst großer zusammenhängender, ungestörter Waldareale, namentlich durch eine bewußt weitmaschige Erschließung mit Straßen;

---

[99] Vgl. H. Ruh, 1992, S. 882.
[100] W. Bode, M. v. Hohnhorst, 1994, S. 183.

- naturgemäße Bewirtschaftung des Waldes mit stufigen Beständen und möglichst viel und gleichmäßig verteiltem Altholz;
- standortgemäße Durchmischung der Wälder mit Begünstigung der natürlichen Entwicklung;
- Gewährung der natürlichen Dynamik und Sukzession bei "Katastrophenfällen";
- großer Laubholzanteil bzw. hoher Anteil an Laubwäldern im Mittelland aufgrund der naturgegebenen Standortbedingungen;
- Achtung auf möglichst viele am Waldaufbau beteiligte Schichten;
- Berücksichtigung der speziellen Lebensraumansprüche einzelner Tier- und Pflanzenarten (z.B. störungsempfindliche Arten wie Hasel- und Auerhuhn), namentlich durch Verzicht auf Walderschließung bzw. Ergreifung besonderer Maßnahmen der Waldgestaltung;
- Erhaltung von seltenen und gefährdeten Waldformationen;
- Erhaltung der Kulturwerte im Wald (z.B. Bodendenkmäler);
- Erhaltung von Alt-, Tot- und Moderholzbeständen;
- Ausweisung von Altholzbeständen mit natürlicher Zerfallphase in der Größenordnung von mindestens 2-5 % der bewirtschafteten Waldfläche, z.B. als Reservatsflächen ohne menschliche Eingriffe;
- Einhaltung der Naturverjüngung als Regel, Pflanzung als Ausnahme;
- Eine Hilfsstoffzufuhr ist weitgehend zu vermeiden. Im Zuge der Schädlingsbekämpfung ist sie zu unterlassen.

Im Hinblick auf Landschaftsplanung sind die folgenden Grundsätze von Bedeutung:[101]

- Großflächige naturnahe Lebensgemeinschaften sind wertvoller als kleine.
- Kritische Lebensraumgrößen liegen dort, wo das Minimum für eine Schlüsselart erreicht ist.
- Nutzungsintensivierungen sollen, wenn überhaupt, nur allmählich und nicht flächendeckend erfolgen.

---

[101] Diese Grundsätze wurden erstmals veröffentlicht in H. Ruh, 1991, S. 46f.

V. Ausgewählte Beispiele für Lösungsstrategien

- Siedlungsräume und wirtschaftlich intensiv genutzte Flächen sollen in einem vielfältigen Muster mit naturnahen Gebieten abwechseln. Allgemeingültige Belastungsgrenzen, die zu einem gleichmäßigen und mittleren Nutzungsmuster führen, vermindern die Diversität und sind zu vermeiden.
- Naturnahe Areale sind miteinander zu vernetzen.
- Die minimale lebensfähige Population der größten und raumbedürftigsten in einer Lebensgemeinschaft lebenden Art soll die zu bewahrende Lebensraumgröße bestimmen.
- Vor allem bei komplizierten, allmählich entstandenen Lebensgemeinschaften wie Wäldern sollen verschiedene Sukzessionsstadien nebeneinander vertreten sein.
- Aus der Sicht der Bewahrung genetischer Vielfalt und koevoluierter Systeme sind große, natürliche, diverse und für eine Region charakteristische Lebensgemeinschaften mit seltenen und fragilen Arten hoch zu bewerten.
- Landwirtschaftliche Nutzungsformen müssen auf natürliche Prozesse, wie natürliche Bodenbildung und Stoffkreisläufe, abgestimmt sein.
- Nutzungsänderungen, bedingt durch neue technische Möglichkeiten, sind durch kleinflächige Versuche auf Nebeneffekte wie z.B. Auswirkungen auf Begleitflora und -fauna zu prüfen. Kosten-Nutzen-Analysen genügen nicht.
- Die natürlichen und für den genetischen Austausch unerläßlichen Kommunikationssysteme von Pflanzen und Tieren dürfen nicht unterbunden werden.
- Dank natürlicher Barrieren entstandene eigenständige Lebensgemeinschaften sind zu respektieren. Verpflanzen oder Umsiedeln von Arten oder Öffnen von Barrieren, wie z.B. im Fall von Kanälen, kann ganze Lebensgemeinschaften bzw. Ökotypen schädigen oder zerstören.
- Durch zivilisatorische Eingriffe bedingte Katastrophenereignisse (Überschwemmungen, Rutschungen) sind durch gezielte Maßnahmen zu verhindern.

3. Handeln in der Politik

3.1 Das Beispiel Sozialstaat

Der Staat ist für den Menschen da nicht umgekehrt, so könnte unsere These lauten. Aber stimmt das? Insbesondere angesichts der heutigen Lage, welche sich auszeichnet durch eine harte Diskussion über den zu aufwendigen Staat und die notwendige Deregulierung?

Selbstverständlich ist es sinnvoll, über die Grenzen des Sozialstaates nachzudenken. Hohe Kosten, Bürokratisierung, Anspruchsgesellschaft, Regeldichte, überbordende Sicherheitsansprüche, das alles sind Themen, die angegangen werden müssen.

Gleichzeitig muß aber auch klargestellt werden, daß die Menschen in der arbeitsteiligen und komplexen Gesellschaft von heute nicht ohne starken Staat und auch nicht ohne Sozialstaat sinnvoll leben können. Zwar kann und muß man den Staat effizienter ausgestalten. Aber in der heutigen Diskussion liegt eine besondere Gefahr: Es könnte wohl sein, daß wir mit der Forderung nach einem schlankeren Staat eine Organisationsreform verbinden, wo es aber eigentlich eine Gesellschaftsreform bräuchte! Grundlegende Probleme wie Kostenexplosion, Versicherungen, Arbeitslosigkeit, Ansprüche, gesellschaftliche Kosten etc. könnten ihre Ursachen auch in tiefer liegenden Schäden des Staates und der Gesellschaft haben, so daß eine ‹reine› Organisationsreform, eben die Idee des schlanken Staates, zu kurz greifen könnte.

Wer die Deregulierung im Staat will, wer also die Privatisierung von bisherigen Staatsaufgaben will, der muß zwei Dinge erklären: Zum einen, wie wir verhindern, daß die Unterhaltskosten der vom Staat entlassenen Angestellten uns nicht letztlich teurer zu stehen kommen als deren Weiterbeschäftigung. Zum anderen, warum gerade im sozialen Bereich dereguliert werden soll, nicht aber in Bereichen wie Verkehr, Abfall, Energie, wo der Staat nach wie vor unökologisches Verhalten belohnt und subventioniert. Deregulierung hat auch mit Kostenwahrheit zu tun. Warum nur im sozialen, nicht aber im ökologischen Bereich?

Es müßte heute mehr denn je ein Konsens darüber bestehen, daß zu den ebenso wichtigen wie unverzichtbaren Aufgaben und Funktionen des Staates die Garantie der Sicherheit, die Sicherung der Menschenrechte, die Herstellung der sozialen Sicherheit, die Sicherung langfristiger Lebensgrundlagen sowie die Förderung der Kultur gehören. Der Staat muß diese Leistungen deshalb erbringen, weil sie für die Menschen notwendig sind, aber über den Markt nicht, nicht zureichend oder gar unakzeptabel erbracht werden. Der Markt ist ökologisch, sozial oder kulturell gesehen weitgehend blind, auch in bezug auf die Frage nach der Sinnstiftung. Und der Markt selbst funktioniert nur, wenn ein starker Staat die Rahmenbedingungen durchsetzt, nicht zuletzt im Blick auf so zentrale Bereiche wie Recht und Eigentum. Hier liegt ein wichtiger Grund für die komplementäre Aufgabe des Staates. Der Staat muß also Leistungen erbringen, die der Markt nicht angemessen erbringt und die den einzelnen überfordern.

Es gibt eine unterschiedliche Evidenz und politische Akzeptanz in bezug auf die genannten Staatsfunktionen. Die Sicherung der Sicherheit sowie der individuellen Menschenrechte ist philosophisch, weltanschaulich und politisch ungleich viel mehr akzeptiert als die Sicherung der sozialen Sicherheit. Welche Gründe gibt es dafür?

- Seit Kant gibt es eine starke philosophische Tradition, welche formale Regeln, aber nicht inhaltliche Ziele für verallgemeinerungsfähig hält.
- Philosophisch steht die apriorische Geltung von ethischen Regeln höher als die Beachtung der Konsequenzen, auf jeden Fall in der Tradition Kants.
- Die individuellen Menschenrechte gelten als besser implementierbar als die sozialen Menschenrechte.
- Sowohl in der Schule Kants wie Smiths gibt es einen Optimismus hinsichtlich der gerechten Verteilung durch die unsichtbare Hand.
- Der Staat ist angewiesen auf die Zustimmung der Mehrheit; diese ist nur für minimale Regelungen zu haben.
- Dort, wo alle Staatsbürger profitieren, ist eine Akzeptanz eher zu haben als dort, wo einige etwas abgeben müssen. (Straßenbau im Vergleich zu sozialem Ausgleich).

- Je weniger Regeln, desto besser ist es für die Starken. Dies ist der ideologische Hintergrund für den Kampf gegen den starken Sozialstaat.

Von herausragender Bedeutung, sowohl für die Begründung als auch für die Funktion des Sozialstaates, ist der Begriff der sozialen Sicherheit. Dieser Begriff bezeichnet von seinem historischen Ansatz her eine Zielvorstellung für sozialpolitische Maßnahmen des Staates. Fassen wir seine Bedeutung allgemein, dann meint er die Abwesenheit von Furcht in bezug auf mögliche oder aktuelle Ereignisse, welche ein erarbeitetes Wohlstandsniveau gefährden. Soziale Sicherheit meint Schutz vor Einbrüchen in der stabilen Entwicklung eines Lebenslaufs, meint also den Schutz vor und beim Eintritt von Lebensrisiken aller Art: Verlust des Arbeitsplatzes, Einkommensverlust, Krankheit, Invalidität etc. Im Begriff der sozialen Sicherheit schwingt ebenfalls die Gewißheit mit, daß ein Mensch in bezug auf Stellung am Arbeitsplatz, Arbeitsplatzsicherheit, Lohn, Kündigungsschutz, Gesundheitsschutz am Arbeitsplatz etc. keine Angst vor dem Verlust seiner Würde und eigenen Rechte haben muß. Endlich zielt soziale Sicherheit immer auf den speziellen Schutz von Unterprivilegierten und auf eine Tendenz zur ständigen Verbesserung der Aussichten weniger gut gestellter Menschen.

Den Grenzen des Sozialstaates muß aber Rechnung getragen werden. Die Grenze ist zum Beispiel dann erreicht, wenn der Sozialstaat kontraproduktiv wird in dem Sinne, daß er Verantwortungsfähigkeit, Handlungsfähigkeit und Bereitschaft zur eigenen Sicherung des Lebensunterhalts untergräbt. Oder auch dann, wenn die unteren Schichten durch den Ausgleich noch schlechter gestellt werden, möglicherweise dadurch, daß der Wohlstand einer Gesellschaft drastisch absinkt oder die Konsensfähigkeit von wirtschaftlich starken Partnern überstrapaziert wird. Diese Kritik spricht aber nicht gegen den Sozialstaat prinzipiell, sondern vielmehr für seine effiziente Ausgestaltung. Auswüchse wie ungerechtfertigte Inanspruchnahme staatlicher Leistungen müssen vermieden werden. Es ist aber zweifelhaft, ob der Nachdruck auf eine organisatorische Reform zu legen ist. Es könnte wohl sein, daß die Forderung nach dem ‹schlanken Staat› letztlich die tiefer liegenden Probleme verdeckt, die es in Form einer Gesellschaftsreform anzugehen gilt. Wir sollten ernsthaft die Frage erwägen, ob die Forderung nach dem ‹schlanken Staat› sowie die Deregulierungsidee überhaupt zum Teil unreflektierte Reaktionen sind auf die Härte der internationalen Konkurrenzbedingungen, die wir selbst mitgeschaffen haben und in deren Falle wir nun sitzen. Eine organisatorische Reform unter dem Titel ‹schlanker Staat› kann nicht die eigentliche Antwort auf diese Probleme sein. Sie ist zwar durchaus eine Teilantwort. Aber eben nur vor dem Hintergrund einer sehr viel tiefer greifenden und ökologisch ausgerichteten Gesellschaftsreform.

3.2 Das Beispiel Steuersystem

Wenn wir ausgehen von der regulativen Idee der geschlossenen Stoffkreisläufe, dann liegt der Gedanke nahe, daß wir Anreize schaffen müssen für ein ökonomisches Verhalten, das möglichst ein längerfristiges Aufreißen von Stoffkreisläufen vermeidet. Das heißt, wir sollten eine Produktions- und Verhaltensweise fördern, welche die Anreicherung der Erdhülle mit vom Menschen gemachten Stoffen stoppt, und welche schwer rezyklierbare Stoffe vermeidet. Die Folgerung daraus besteht in einem neuen Steuersystem, welches sich an der Idee geschlossener Stoffkreisläufe orientiert.

Als erstes sollten wir an die Einführung einer Art *Wirkungsgradsteuer* in bezug auf Energie denken: zu besteuern wäre der Unterschied zwischen Primär- und Nutzenergie. Zweitens sollte die vieldiskutierte *Lenkungssteuer* Energie dazukommen, denn wir können heute davon ausgehen, "daß Energie die geeignetste Steuerungsgröße für das Grundgerüst und das Schwergewicht einer Ökosteuer darstellt. Dafür gibt es vor allem drei Gründe:
- Der größte Teil der Umweltbelastungen auf lokalem und globalem Maßstab ist kausal direkt oder indirekt mit dem Einsatz von Energie verknüpft.
- Wichtige ökologische Knappheitsprobleme (fossiler Energien, Uran etc.) werden so erfaßt.
- Der Vollzug ist einfach."[102]

---

[102] Ökologische Steuerreform, 1992, S. 130.

Drittens sollten wir eine *Giftsteuer* ins Auge fassen, das heißt die Einteilung industrieller Produkte in Giftklassen mit einer dem Grad und der Qualität der stofflichen Veränderung entsprechend progressiv gestalteten Besteuerung. Produkte, welche die Stoffhülle der Erde stark, rasch und nachhaltig verändern, sind entsprechend zu besteuern.

Viertens geht es sodann um eine *Abfallsteuer*, d.h. um die Besteuerung von Produkten nach Maßgabe der Zerstreuung von Stoffteilchen oder nach Maßgabe der Unmöglichkeit ihrer Rückholung. Alle vier Formen der Besteuerung würden Industrie und menschliches Verhalten dazu anreizen, andere Produkte und Verhaltensweisen vorzusehen. Diese Art von Steuern wären zu verbinden mit einer Senkung der Besteuerung von Arbeit beziehungsweise Einkommen.[103]

3.3 Neue staatliche Institutionen

Zur Durchsetzung des nachhaltigen Umgangs mit der Natur bedarf es neuer institutioneller Regelungen. Wir brauchen den verfassungsmäßigen Schutz der Natur. Dieser läßt sich erreichen entweder über die Aufnahme von *Grundrechten der Natur* oder von *Pflichten des Menschen gegenüber der Natur* in die Verfassung. Dann allerdings braucht es eine *Verfassungsgerichtsbarkeit*, in etwa einen Naturgerichtshof, der die politischen Organe dann verpflichten kann, zu verwirklichen, was der Verfassungsauftrag vorschreibt. Dieses Postulat stützt sich auf die Erfahrung, daß eines der Hauptprobleme der Verwirklichung auf der Ebene des Vollzugs von Gesetzen und Verordnungen, nicht auf der Ebene der Verfassung liegt.

Ein anderes Vollzugsproblem findet seine Ursache in dem Umstand, daß die Volksvertreterinnen und Volksvertreter angesichts der kurzen Legislaturperioden jeweils auf kurzfristigen Erfolg und nicht auf langfristig sinnvolle Entwicklungen achten. Dieser Gefahr könnten wir dadurch begegnen, daß Parlamentarierinnen und Parlamentarier jeweils auf eine Periode von *acht Jahren*, allerdings *ohne Wiederwahlmöglichkeiten*, gewählt werden. Parlamentswahlen

---

[103] Vgl. die Auflistung in: Ökologische Steuerreform, 1992, S. 160 - 162 sowie die Studie zu Umweltabgaben in der Schweiz: R. Meier; F. Walter, 1991, v.a. S. 37 - 80 u. S. 81 - 122.

könnten trotzdem alle vier Jahre durchgeführt werden, aber sie könnten jeweils nur die Hälfte des Parlaments betreffen.

Zu stärken ist auch die Bedeutung von *Sachverständigungsgremien*. Als Leitidee können wir uns eine Kombination des *Rates der Weisen* mit demokratisch gewählten Gremien vorstellen. Dabei könnten Bereiche, welche den langfristigen Horizont betreffen, also vor allem Menschengruppen, die heute noch gar nicht mitreden können, durch Sachverständige vorberaten werden. Das Parlament hätte dann die Pflicht, auf die von einem solchen Sachverständigenrat vorgelegten Vorschläge argumentativ einzugehen, bevor es entscheidet. Der Grundgedanke dabei ist, daß das Parlament die Pflicht zum öffentlich vorgetragenen Argument hat.

4. Handeln in der Wirtschaft

4.1 Ein neuer Begriff von Produktivität

An der Entwicklung des Begriffs der Produktivität läßt sich die Problematik der Entwicklung der Ökonomie in einem Mikrobereich aufzeigen. Produktion kommt vom lateinischen producere und meint unter anderem hervorbringen, emporheben, befördern.

Was als produktiv galt oder gilt, wurde nun meist im Lichte leitender Ideen einer Epoche definiert. Im Merkantilismus waren jene Funktionen produktiv, welche zur Vermehrung des Reichtums einer Nation beitrugen. Für die Physiokraten galten bloß Landwirtschaft und Bergbau als Produktivkräfte. Generell verstand man unter Produktivität das Vermögen, Güter für die Mehrung des Volkswohlstandes hervorzubringen.

Einen entscheidenden Einschnitt für die ökonomische Theorie, und damit für das Wirtschaften insgesamt, bedeutete der Zusatz von Adam Smith: Produktiv sind solche Hervorbringungen nur, sofern ihr Tauschwert den Wert der aufgewendeten Kosten übersteigt. Das heißt, als produktiv gilt nur das, was einen Mehrwert erwirtschaftet und sich am Markt verkaufen läßt. Diese Dimension des Marktes gehört nun hinein in den heutigen Begriff der Produktivität, der sich im übrigen im Sinne der technischen Produktivität durchgesetzt hat, wobei als Faktoren dieser Leistung Technik, Rationalisierung und Kapitaleinsatz immer mehr an Bedeutung gewinnen. Damit drückt dieser Begriff Vorteil und Elend der modernen Ökonomie aus. Der Vorteil bezieht sich auf den in der Ökonomie unaufgebbaren Gedanken der Effizienz. Das Elend bezieht sich darauf, daß eine solche Produktivität blind ist gegenüber den großen Fragen der heutigen Zeit: Arbeitslosigkeit, Umweltzerstörung, soziale Disparität, Sinn- und Wertverlust.

Im Blick auf diese Hauptprobleme sind mehrere Unzulänglichkeiten dieses Produktivitätsbegriffs aufzudecken. Die Mehrheit der arbeitswilligen Erdbevölkerung wird nicht einmal an den Produktionsprozeß herangelassen, sie wird unter dem Stigma der Arbeitslosigkeit ausgegrenzt. Und trotz hoher Produktivität werden die Reichen reicher, die Armen ärmer. Dies gilt nicht nur für das Verhältnis zwischen Industrie- und Entwicklungsländern, sondern neuerdings auch für die Verhältnisse innerhalb der Industrieländer.

Hohe Produktivität ist sehr oft mit hoher Umweltzerstörung gekoppelt: Fahrzeuge, Kunststoffe, Farben, Pestizide etc. Sogenannte produktive Güter können auch beitragen zur Schädigung der Gesundheit und zum Sinn- und Wertverlust, etwa Waffen, Spielzeuge, Erzeugnisse der elektronischen Unterhaltungsindustrie.

Der Begriff der Produktivität gerät aber noch von einer anderen Seite her in ein trübes Licht. Es gibt Menschen, die unterhalb der Effizienzgrenze produzieren und gerade dadurch der Gesellschaft am meisten nützen. Etwa ein Landwirt, der ohne Dünger arbeitet; ein Unternehmer, der auf sinnlose und gefährliche Produkte verzichtet; ein Transportunternehmen, das ohne Umweltbelastung arbeitet. Oft sind es gerade diejenigen, die unproduktiv arbeiten oder sogar auf Produktivität verzichten, die langfristig am nützlichsten sind, weil sie dem Gebot der Nachhaltigkeit am nächsten kommen.

Der Begriff der Produktivität führt in eine Aporie und zwar, angesichts der Probleme von heute, tiefer denn je. Was macht denn die Besonderheit der heutigen Lage aus? Zum ersten ist es der Zwang zur marktgerechten Produktivität, welche vom liberalisierten Welthandel ausgeht. Wir haben mit den GATT/WTO-Beschlüssen den ungehinderten Welthandel im Weltdorf gewollt. Die Folge wird sein, daß die Unternehmen sich ungebremst zu Tode rationalisieren werden und zugleich immer mehr eine Produktivität entwikkeln *müssen,* welche an den Bedürfnissen der Mehrheit und an den Weltproblemen vorbeiführt. Denn es gibt im internationalen Raum keinerlei Instanzen, welche Rahmenbedingungen der Marktwirtschaft, z.B. Umweltschutz- oder Sozialgesetze, durchsetzen könnten. Es gehört zur tragischen Logik der Produktivität, daß sie an der Logik der Bedürfnisse und der Probleme der Gesellschaft vorbeigeht und Arbeitslosigkeit, Umweltzerstörung, soziale Unterschiede und Sinnlosigkeit befördert.

Unsere Probleme und Aporien sind auch deshalb so tiefgreifend, weil sie alle globale Ausmaße mit globalen Folgen erreicht haben. Die Umweltzerstörung wandelt sich zur Klimakatastrophe mit verheerenden ökonomischen, sozialen und demographischen Folgen: Gegenüber der wachsenden Weltarbeitslosigkeit gibt es bislang keine wirksamen Rezepte und Gewalt wird vor dem Hintergrund von Sinnlosigkeit und sozialem Elend zu einer Weltbedrohung.

Zu den neuen Erscheinungen gehört auch, daß durch die Großräumigkeit und Internationalität die Verantwortung des ‹Patrons› für ‹sein› Unternehmen oder für eine Region nicht mehr wie früher eine wichtige Rolle spielt.

In welche Richtung müssen angesichts dessen neue Lösungen zielen? Produktivität muß wieder verstanden werden als Dienst am Wohl der ganzen Gesellschaft. Dazu gehört, daß die arbeitswilligen Menschen möglichst zur Produktion zugelassen werden und ihren Lebensunterhalt selbst erarbeiten können. Dies im Sinne einer Lebens- und Produktionsweise, welche sich an der Nachhaltigkeit orientiert sowie einer neuen Verteilung der Güter und Dienstleistungen, so daß die sozialen Unterschiede markant verringert werden. Und endlich gehört zur neuen Produktivität eine Palette von Produkten und Dienstleistungen, welche ein sinnerfülltes Leben ermöglicht.

Wie kann dies alles geschehen? Welche Wege führen in die Nähe des anvisierten Ziels einer neuen Produktivität? Es ist klar, daß sogenannt klassische Mittel hier versagen müssen. Der Ruf nach mehr Produktivität ist keine Lösung. Auch eine ansteigende Weltkonjunktur nicht. Es nützen auch keine ethischen Appelle an die Verantwortung der Unternehmer zumal das Warten auf Resultate einer internationalen Abkommenspolitik oder gar einer Welt-Sozial- oder Welt-Umweltpolitik kaum weiterführen dürfte. Wir brauchen grundlegende Änderungen, neue Strukturen und eine Rückbesinnung auf die je eigenen Stärken.

Wie die neue Definition der Produktivität in der heutigen Zeit aussehen könnte, soll unter dem Aspekt der Arbeitslosigkeit sogleich vorgestellt werden.

4.2 Das Beispiel Arbeitslosigkeit: Ein Modell für die Zukunft der Arbeit

Über Auswege aus der Krise der Arbeitslosigkeit wird viel geredet, aber es herrscht nach wie vor Mangel an neuen Ideen. Es scheint als käme die Diskussion nicht über das Niveau von Ladenhütern hinaus. Und es steht zu vermuten, daß die Ideenlosigkeit mit dem Umstand zusammenhängt, daß wir der Frage zu wenig nachgehen, ob denn nicht ‹unsere› Arbeitslosigkeit Merkmale aufweist, die eben auch neu, auf jeden Fall anders als frühere, sein könnten.

In der Tat haben wir es mit neuen Randbedingungen der Arbeitslosigkeit zu tun, die wir zunächst benennen müssen, aufgrund derer wir dann aber auch neue Wege beschreiten sollten. Was sind nun die neuen Randbedingungen?

Die Hoffnung auf ein wirtschaftliches Wachstum geht in die falsche Richtung. Wenn die USA heute aufatmen und dank eines neuen Booms in der Autoindustrie auf den weiteren Aufschwung hoffen, kann es nur ein kurzer Aufschwung werden. Diese Art Strategie der Überwindung wird in Zukunft immer mehr gegen eine Grenze anrennen, nämlich die der Ökologie. Genauso wie wir in den achtziger Jahren ökonomisch - durch die Schuldenmacherei - auf Kosten der Zukunft gelebt haben, leben wir mit allen Wachstumsstrategien, die sich nicht an Nachhaltigkeit orientieren, auf Kosten der Zukunft. Das wird uns immer raschere und tiefere ökonomische Einbrüche bescheren, solange, bis wir das kopflose Anrennen gegen die Grenzen der Ökologie aufgeben.

Die Arbeitslosigkeit rührt auch von daher, daß wir nur die Hälfte der Arbeit verrichten. Innerhalb des Produktionsprozesses nehmen wir nur die Entwicklung, nicht aber die Entsorgung ernst. Wenn wir, um nur ein Beispiel zu nennen, die Rückholung der auf der ganzen Welt zerstreuten Stoffteilchen getreulich betreiben wür-

V. Ausgewählte Beispiele für Lösungsstrategien 113

den, hätten wir genug Arbeit. Aber wir hören sozusagen mitten in der Arbeit auf und lassen die Abfälle liegen.

Wir haben die weltweite Wirtschaft so programmiert, daß es fast keine Gewinner der Rationalisierung geben kann. Die Programmierung des Welthandels läuft wie folgt: durch die Idee des ‹ökonomischen Weltdorfes› gibt es im internationalen Raum keine funktionierenden Rahmenbedingungen des Marktes. Da alle miteinander ökonomisch verkehren, müssen alle Akteure immer konkurrenzfähiger werden, was wir durch eine ausgeklügelte Rationalisierungstechnologie noch verstärken. Niemand kann diese Teufelsmaschine bremsen, weil es keinen Weltstaat mit harten Interventionsmechanismen gibt. Die Folge wird sein, daß wir uns zu Tode rationalisieren werden, vor allem deshalb, weil wir so tun, als gäbe es weltweit so etwas wie eine soziale und rahmengeplante Marktwirtschaft. Das ist aber eine Fiktion. Gerade die Verfechter einer rahmengeplanten Marktwirtschaft machen sich etwas vor, wenn sie so tun, als sei international auch nur etwas ähnliches möglich. Für diese Fiktion müssen wir teuer bezahlen. Die ganze Welt ist unkontrollierbar an eine einzige Megamaschine angehängt, deren Devise heißt: immer konkurrenzfähiger!

Durch diese unkontrollierbare Weltwirtschaft sind die einzelnen Unternehmen zu einer Logik gezwungen, welche in tiefen Widerspruch zu der Logik der Gesamtgesellschaft geraten muß. Wenn es keine oder nur schwache internationale Rahmenbedingungen für die Marktwirtschaft gibt, dann müssen die Unternehmen die Konkurrenzfähigkeit und Gewinnmaximierung als oberste Ziele anstreben. Damit verhalten sie sich aber katastrophal prozyklisch in bezug auf die heute schon bestehenden tiefgreifenden Schäden der Weltgesellschaft. Die Strategie der Rationalisierung, z.B. in Form der Lean-Production, setzt der schon bestehenden Arbeitslosigkeit noch eines drauf. Sie verschärft zudem die weltweite soziale Disparität, sie verschärft die Umweltprobleme und steigert durch sinnlose Produkte die Sinnlosigkeit in der Welt. Die übergeordnete Zielsetzung der Lean-Production ist die Verbesserung der Konkurrenzfähigkeit durch Kostenreduktion und eine Reihe von organisatorischen, technischen und psychologischen Maßnahmen. Gerade weil die Maßnahmen ein gemischtes Bündel darstellen, ist die ethische Beurtei-

lung nicht einfach. Im Set der Maßnahmen der Lean-Production finden sich ethisch interessante Elemente:
* Die Erhöhung der Qualifikation von Mitarbeiterinnen und Mitarbeitern, z.B. durch Lern- und Entwicklungsmöglichkeiten, Anforderungsvielfalt etc,
* die neue Job-Rotation,
* die soziale Interaktion in der Gruppe,
* die Erhöhung der Autonomie des Einzelnen in der Gruppe,
* die Zeitelastizität für die Mitarbeiterinnen und Mitarbeiter sowie
* die Ganzheitlichkeit.

Die ethisch negative Seite der Lean-Production läßt sich dagegen auf drei Ebenen beschreiben:
* Betriebsintern durch die Erhöhung von Streß und Angst, sowie die zunehmende Rivalität in den Arbeitsgruppen, die letztlich zur Stigmatisierung und Aussonderung von weniger Angepassten führt.
* Auf der Systemebene zeigt sich, daß Rationalisierungsmaßnahmen im Zuge der Lean-Production zur Lösung der Probleme der Arbeitslosigkeit und der Umweltzerstörung kaum etwas beitragen. Im Gegenteil, sie erhöhen den wirtschaftlichen Zwang zur Konkurrenzfähigkeit.
* Auf der Ebene der Gesellschaft führt dies zur Erhöhung der Arbeitslosigkeit, zur Vertiefung der sozialen Disparität, was im Verbund mit der Produktion sinnloser Produkte seinerseits häufig die Mißachtung des ökologisch Gebotenen nach sich zieht.

Unter den negativen Aspekten kann man also festhalten, daß die Lean-Production zu einer ethisch unerwünschten Verstärkung von gesellschaftlich-ökologischen Fehlentwicklungen führt. Die Strategie der Lean-Production entspricht allenfalls der Logik der Unternehmen, nicht aber der Logik der Gesellschaft. Den Widerspruch könnten wir relativieren, wenn wir effiziente internationale Institutionen hätten, wenn die oft skizzierte Einheit von ökonomischer Effizienz und sozialen und ökologischen Gesichtspunkten praktizierbar wäre und nicht zuletzt, wenn wir freiwillige internationale Abkommen unter den großen Unternehmern, z.B. Ethik-Kodizes, verwirklichen könnten.

Für solche Abkommen fehlen die Institutionen und auch die

V. Ausgewählte Beispiele für Lösungsstrategien

Sanktionsmechanismen. So wird heute mehr denn je auf die nur kurzfristig greifende Strategie der Rationalisierung zurückgegriffen; einer Strategie, deren tiefe Irrationalität darin liegt, daß sie täglich die schon bestehenden Defizite, allen voran die Arbeitslosigkeit, noch erhöht.

Wir fahren auf den beiden Gleisen von Rationalisierung und Wachstum immer weiter und produzieren Güter, welche nicht den vitalen Bedürfnissen der Mehrheit der Menschen entsprechen. Der Weltmarkt produziert an den Bedürfnissen der Mehrheit der Weltbevölkerung vorbei. Dies ist nicht nur aus der Perspektive der Armen, es ist auch ökonomisch problematisch. Die ‹Gagisierung› und ‹Swatchisierung› der Produktepalette verspricht nur kurzfristige Erfolge. Denn sie spiegeln die Befriedigung vitaler Bedürfnisse nur vor. Noch stärker ins Gewicht fällt in diesem Zusammenhang, daß ein großer Teil der Produktepalette und Dienstleistungen von heute die Sinnlosigkeit, an der die auf Konsum eingestellte Welt bereits leidet, verstärkt. Wiederum: auf sinnlosen Spielzeugen, Unterhaltungselektronik, Gags und ähnlichem können wir keine gesunde Ökonomie aufbauen. Aber die Erhöhung der Sinnlosigkeit beinhaltet einen noch gefährlicheren Aspekt: die Sinnlosigkeit in der Welt schlägt um in Langeweile, Aggression und Gewalt, in Destruktivität und Radikalismus.

Doch auch die Produktions- und Arbeitswelt ist in den Bannkreis eines Wertezerfalls geraten, der von mangelnder Motivation über Individualismus, Interessenlosigkeit bis hin zu Gewalt und Kriminalität reicht.

Die Arbeitslosigkeit bedeutet eine tiefgreifende Störung des menschlichen Tätigkeitshaushalts und legt vielfältige Widersprüche frei. Die Störung betrifft die Auseinandersetzung des Menschen mit seiner Umwelt. Daß es sich um eine Störung handeln muß, wird dann besonders deutlich, wenn wir folgenden Widerspruch wahrnehmen: einerseits haben wir verbreitete Arbeitslosigkeit, andererseits haben wir so viele ungelöste Probleme, also eigentlich sehr viel zu tun. Offensichtlich unterliegt der Tätigkeitshaushalt des Menschen einer falschen Steuerung.

Es gibt noch andere Anzeichen der Störung oder falschen Steuerung: die Arbeit der Menschen löst sehr oft die falschen Probleme.

Wir produzieren Dinge, die wir vital nicht brauchen, wir produzieren aber gerade die Dinge nicht, welche eine Mehrheit der Menschen dringend bräuchte. Denken wir nur an den weltweiten Hunger, die Unterentwicklung, die Wohnungsnot.

Wir könnten diese Widersprüche auch so ausdrücken: es sieht so aus, als stellten wir durch unsere Arbeit eine Welt her, die wir so gar nicht wollen, als strebten wir aber gleichzeitig in unserem Tätigsein die Ziele gerade nicht an, die wir eigentlich wollen.

Was also wollen wir vom Leben? Auch ohne tiefschürfende Bedürfnistheorien müßten wir doch antworten: wir wollen Deckung der Grundbedürfnisse, Geborgenheit und Anerkennung in einem sozialen Umfeld, Sicherheit und Gesundheit, gutes Wohnen, interessante Herausforderungen, Mitsprache bei dem, was uns betrifft. Aber ermöglicht die Produkte- und Dienstleistungswelt, die wir mit unserer Arbeit schaffen, das Erreichen dieser Ziele? Wohl kaum, sie verfehlt sie vielmehr. Warum streben wir das nicht an, was wir eigentlich möchten? Elektronische Unterhaltungsindustrie, stinkende und lärmende Mobilität, schlechte Wohnungen, ungesunde Lebensmittel - wollen wir das wirklich?

Zur Störung wäre desweiteren der Umstand zu zählen, daß wir durch unsere Art der Arbeit die natürlichen Lebensgrundlagen schwerwiegend beeinträchtigen. Bereits ökonomisch ist es suspekt, wenn die durch Arbeit verursachten Umweltkosten in Deutschland auf ca. 200 Milliarden DM jährlich geschätzt werden müssen. Ökologisch ist dies eine Katastrophe. Hierzu muß auch die Tatsache gerechnet werden, daß weltweit die meisten Menschen in entfremdenden, erniedrigenden oder ungesunden Arbeitsverhältnissen tätig sein müssen.

Versuchen wir nun, aus dem oben Gesagten einige grundsätzliche Folgerungen zu ziehen im Hinblick auf Ansätze zu weiteren Lösungsstrategien. Sicher ist, daß es angesichts der Komplexität dieser Probleme keine eindimensionalen Lösungen geben kann, z.B. auch nicht in Richtung auf eine bloße Umverteilung der Arbeit. Lösungsansätze müssen, wenn sie im Hinblick auf das ökologische Problem Erfolge zeigen sollen, tiefer ansetzen und weiter reichen. Zu solchen weitreichenden Lösungsansätzen zählen:

V. Ausgewählte Beispiele für Lösungsstrategien

a) Wir brauchen eine neue Aufteilung, Zielsetzung und Fokussierung der menschlichen Tätigkeitszeit, d.h. der Dualismus Freizeit/Arbeitszeit muß durch ein differenziertes Modell ersetzt werden.
b) Wir brauchen eine teilweise Entkoppelung von Arbeit und Lohn. Wir brauchen eine Grundsicherung für alle, unabhängig von der Arbeit.
c) Wir brauchen neue Anreize oder vielmehr Motivationen für sozial und ökologisch bedeutsame Leistungen. Unter anderem läßt sich ein solches Ziel nur über einen umfangreichen obligatorischen Sozialdienst, der von allen geleistet wird, erreichen.
d) Wir müssen - vor allem zur Überwindung des Widerspruchs zwischen der Logik der Unternehmen und der Logik der Gesamtwirtschaft bzw. der Gesellschaft - neue Koalitionen in der Wirtschaft finden und uns mit neuen Partnerschaften auf regionale Ziele ausrichten.

Im Folgenden sollen diese vier Punkte einer detaillierten Kommentierung unterzogen werden. Zuvor muß aber, im Sinne einer Regieanweisung, folgendes für das Verständnis festgehalten werden: die vier Punkte sind der Versuch der Formulierung einer *ganzheitlichen Strategie* zur Lösung der Frage nach der ‹Zukunft der Arbeit›. Es kann nicht mehr genügen, eindimensionale Strategien zu entwerfen. So ist auch die isolierte Umverteilung der Arbeit, beispielsweise durch massive Reduktion der Normalarbeitszeit, keine Lösung. Neben der Umverteilung der Arbeit müssen in einer Strategie immer auch andere Gesichtspunkte berücksichtigt und aufeinander abgestimmt werden. Insbesondere sind folgende Gesichtspunkte von Belang: eine Strategie in diesem Sinne muß immer auch einen Beitrag leisten zur Brechung der fatalen Dynamik im Zusammenhang mit Konkurrenzfähigkeit, Rationalisierung und Umweltzerstörung. Sie muß eine Antwort bereitstellen auf die Anforderung des Konzepts der Nachhaltigkeit der Produktions- und Lebensweise und sie muß eine Antwort bereitstellen auf die Frage nach der Motivation zu gesellschaftlich und ökologisch bedeutsamen Leistungen. Und, last but not least, muß sie einen besonderen Beitrag zur Sinnstiftung und Lebensqualität leisten.

a) Wir brauchen eine neue Aufteilung, Zielsetzung und Fokussierung der menschlichen Tätigkeitszeit, das heißt der Dualismus Freizeit/Arbeitszeit muß durch ein differenzierteres Modell ersetzt werden.
Die menschlichen Tätigkeiten werden unter sieben Aspekten neu konzipiert:
- Freizeit
- Monetarisierte Arbeit
- Eigenarbeit
- Obligatorische Sozialzeit
- Informelle Sozialzeit
- Ich-Zeit
- Reproduktionszeit.

Freizeit: Auch in einer zukünftigen Gesellschaft ist Freizeit erwünscht. Sie muß sich aber an ökologischen Rahmenbedingungen orientieren und den Sinnaspekt stärker ins Zentrum rücken.
Monetarisierte Arbeit: Für die Zukunft sollten wir die Halbtagsstelle als Norm für Mann und Frau ansehen. Allerdings soll jeder Mensch soviel arbeiten können, wie er will, sofern er die entsprechende Arbeit findet, diese ökologisch und sozial nicht schädlich ist und die Grundbedürfnisse anderer dadurch nicht eingeschränkt werden. Es ist dies ein Plädoyer für eine intensive Flexibilisierung am Arbeitsplatz.
Eigenarbeit: Möglichst viele Tätigkeiten sollten wieder in Form von Eigenarbeit ausgeführt werden können. Dies senkt die gesamtgesellschaftlichen Fixkosten, ist ökologisch verträglich, schafft Sinn, bringt Unabhängigkeit. Zu denken wäre an Tätigkeiten für die Gesundheit, für Nahrungsbeschaffung, Haushalt, Bildung, Kultur, Mobilität (zu Fuß oder Fahrrad), Reparatur, Wohnungsbau etc.
Obligatorische Sozialzeit: Darunter verstehen wir Formen von Sozialzeit, die gesetzlich vorgeschrieben sind.[104]

[104] Siehe unten, S. 125ff.

Informelle Sozialzeit: Es soll jeder Mensch die Kraft, Bereitschaft und Möglichkeit haben, freiwillig sozial und ökologisch sinnvolle Tätigkeiten auszuführen, beispielsweise Nachbarschaftshilfe, Privatstunden, Verwandtenbesuche.
Ich-Zeit: Jeder Mensch braucht Zeit für sich selbst, für seinen Körper, seine Seele und seinen Geist. Wendet er diese Zeit sinnvoll an, geschieht dies auch zum Nutzen der Gesellschaft. Bei der Ich-Zeit ist ganz besonders an Gesundheit, Sport, Kultur, Religion, Esoterik etc. zu denken.
Reproduktionszeit: Darunter ist die Gesamtheit der Tätigkeiten von Mann und Frau zu verstehen für die Entwicklung, Betreuung, Erziehung und Pflege der zukünftigen Generationen.

Auch wenn die Umrisse für dieses neue Modell etwas schematisch erscheinen: die einzelnen Punkte sind natürlich als Richtpunkte gedacht, die unterschiedlich gewichtet werden können. Aber die fundamentale Störung des menschlichen Tätigkeitshaushalts läßt sich nur dann beheben, wenn wir grundlegende Veränderungen ins Auge fassen.

b) Wir brauchen eine teilweise Entkoppelung von Arbeit und Lohn. Wir brauchen eine Grundsicherung für alle, unabhängig von der Arbeit.
Unter Grundsicherung wird hier das Auszahlen eines Grundlohnes für alle, unabhängig von Leistungen, verstanden. Allerdings stellt der von allen Personen verlangte obligatorische Sozialdienst[105] eine Art Ausgleich dar.
   Wie aber ist ein leistungsunabhängiger Grundlohn zu begründen? Eine mögliche Begründung könnte ausgehen von der Dimension des Schutzes von Schwachen in einer Gesellschaft. Grundsätzlich gehört zum Menschsein der Schutz des Schwachen. Wer diese Dimension aufgibt, gibt die Identität des Menschen preis. Grundlegende Werte und Normen der Ethik transportieren die menschheitsgeschichtliche Erfahrung, wonach das Menschsein nur dann glük-

---

[105] ‹Ausgleich› darf hier nicht so verstanden werden, als führten wir unterderhand doch wieder ein Leistungsprinzip ein, das zum Bezug eines Grundlohnes befähigt. (Vgl. hierzu v.a. unten, S. 125f.)

ken kann, wenn die Menschen bereit sind, dem Schutz der Schwachen einen hohen Stellenwert einzuräumen. Schutz des Schwachen kann beispielsweise aus der Orientierung an folgenden Kriterien erfolgen:
- Hilfe in der Not
- Solidargemeinschaft
- Ausgleich unverschuldeter Ungleichheit
- Gerechtigkeit
- Option für die Armen
- Würde der Person

Der Schutz der Schwachen ist heute stark gefährdet. Seit einiger Zeit läßt sich ein ungenierter Kult des Starken beobachten, insbesondere im wirtschaftlichen und gesellschaftlichen Bereich. Stehen wir am Beginn eines gigantischen Verteilungskampfes? Jedenfalls hat sich ein Umgang mit den Schwachen eingebürgert, für den es bis vor kurzem noch moralische Hemmungen gab. Beispiele sind die gnadenlose Konkurrenzierung, die Folgen der Lean-Production, die Sparwut im Bereich der Sozialleistungen auch seitens unternehmerischen Engagements, die Arbeitslosigkeit, die Verteufelung mit dem Etikett: Leistungs- und Anspruchsgesellschaft.

Wir stehen vor einem Teufelskreis: Das Anwachsen der Armut schafft unökologisches Verhalten, Gewalt und Kriminalität. Diese Prozesse werden wiederum zum Anlaß genommen, Rechtstendenzen in unserer Gesellschaft zu verstärken. Wenn wir den Verarmungsprozeß nicht aufhalten, wird die Welt auch für die Reichen ungemütlich.

Desweiteren ist der Begriff der Solidarität von geradezu zentraler Bedeutung für das Gelingen des menschlichen Zusammenlebens. Erinnern wir uns nur einiger Stichworte, um die Dimension aufscheinen zu lassen:
- Teilen
- Gleiches ist gleich behandeln
- Verantwortung für andere übernehmen
- Kooperation

Es gibt für die Begründung der Solidarität und des Schutzes von

Schwachen eine Reihe von guten Gründen, von denen wir einige skizzieren möchten:

Vernünftige Gründe könnten beispielsweise auf dem Argument beruhen, möglicherweise selbst in eine Notlage zu geraten, in der wir der Hilfe bedürftig werden. Oder sie könnten aus der Erkenntnis abgeleitet werden, daß zuviel Elend politisch gefährlich ist.

Logische Gründe basieren eher auf dem moralischen Axiom des Ausgleiches unverschuldeter Ungleichheit oder auf der Feststellung, daß die Ursachen für Bedürftigkeit nicht immer feststellbar sind. Auch die Tatsache, daß wir nicht genau angeben können, in welchem Maße jemand positive oder negative Leistungen für die Allgemeinheit erbringt, wäre ein möglicher Ausgangspunkt für logische Begründungen.

Gründe in anthropologischer Perspektive könnten wir die Erkenntnisse nennen, daß zum Menschsein notwendig der Schutz des Schwachen gehört oder daß der Mensch ein soziales Wesen ist.

Ethische Gründe könnten, wie gesagt, ausgehen vom Kriterium der Hilfeleistung in Notlagen oder von der Pflicht, Verantwortung für andere zu übernehmen.

Als *theologische Gründe* könnten wir das Gebot der Nächstenliebe anführen, oder die Kategorie der Mitgeschöpflichkeit sowie die theologisch-ethische Bestimmung der Personalität des Menschen aus der Perspektive der Solidargemeinschaft.

Wenn wir der - wie auch immer begründeten - Solidarität nicht wieder einen höheren Stellenwert einräumen, erfüllt sich die Verheißung von Hans Jonas, wonach der Mensch nicht an seiner Schwäche, sondern an seiner Stärke zugrunde geht.

Vor diesem Hintergrund betrachtet, ist der Grundlohn die angemessene Antwort auf eine Entwicklung der Gesellschaft, die auf eine teilweise Entkoppelung von Tätigsein und Erwerb hinausläuft. Arbeitslosigkeit und Niedriglohnpolitik haben zur Folge, daß die davon betroffenen Menschen gar nicht in der Lage sind, durch ihr Tätigsein oder ihre Arbeit ihren Lebensunterhalt zu sichern. Es ist deshalb nur konsequent, wenn eine Gesellschaft, die vielen ihrer Mitglieder aus strukturellen Gründen diese Unterhaltssicherung verunmöglicht, kompensatorisch die Sicherung eines Sockelbetrags für den Lebensunterhalt übernimmt. In der arbeitsteiligen Gesellschaft sind eben die wenigsten Menschen in der Lage, durch eigene Anstrengungen ihren Lebensunterhalt zu sichern und zwar unter den von ihnen nicht beeinflußbaren Bedingungen der Arbeitslosigkeit und der Niedriglohnpolitik.

Aber es gibt noch weitere ethische Gründe für den Grundlohn. Einmal ist nicht exakt auszumachen, welche Menschen in der Gesellschaft und auch in der Wirtschaft positive oder negative Leistungen - und in welchem Ausmaß - erbringen. In wirtschaftlichen Unternehmen können nicht alle positiven und negativen Leistungen über ein angemessenes Lohnsystem abgegolten werden. Zu denken ist an Motivationsfähigkeiten, sorgfältigen Umgang mit Menschen und Material, Verantwortung für die eigene Gesundheit, Einstellung zu Konflikten und Gewalt. Über solche Bereiche und Mechanismen fließen unterschiedliche positive oder negative Einflüsse, die weder exakt identifizierbar noch finanziell berechenbar sind.

Dieser Umstand ist ein Grund dafür, daß in einem gewissen Sockelbereich alle Menschen gleich behandelt werden, also ein Grundlohn für alle ausbezahlt wird.

Ein weiterer Punkt kommt hinzu. Es gibt eine Reihe von Behinderungen und Leistungsdefiziten, für die die betroffenen Menschen nicht oder nur teilweise Verantwortung tragen, wobei eben gerade die Möglichkeit zur exakten Feststellung dieses Sachverhalts teilweise fehlt. Selbst für Suchtabhängigkeit sind Menschen nur zum Teil verantwortlich zu machen, zum Teil sind Abhängigkeiten durch Herkunft oder Milieu bestimmt. Diese Unmöglichkeit, Behinderungen und Defizite hinsichtlich der Verantwortlichkeit genau zu identifizieren, ist ein weiterer Grund für das Postulat auf eine leistungsunabhängige Grundsicherung für alle.

Die praktische Durchführung der Grundsicherung für alle wird hier im Sinne eines Grundlohns oder einer Bürgerrente vorgestellt. Es gibt auch die Vorstellung der Negativsteuer, d.h. das Konzept, wonach Schlechtverdienende nicht Steuern zu entrichten haben, sondern finanzielle Beiträge vom Staat erhalten. Wir favorisieren allerdings das Konzept eines Grundlohnes und zwar deshalb, weil die Negativsteuer kaum Anreize zu vermitteln vermag: Wenn jemand mehr verdient, bekommt er im gleichen Maße weniger Beiträge von der Steuer, was einem Nullsummenspiel gleichkommt. Wiederum ist es also ein komplexes Zusammenspiel von Faktoren, welches uns den Weg des Grundlohnes einschlagen läßt: es sind ökologische, soziale, psychologische und gerechtigkeitstheoretische Aspekte, die dabei berücksichtigt werden.

In der heutigen Lage wäre der Grundlohn etwa auf die Größenordnung von Fr/DM 1.500.-- für jeden erwachsenen Menschen zu veranschlagen. Zunächst geht es beim Grundlohn auch um einen Beitrag zur Brechung einer fatalen wirtschaftlichen Dynamik. Er ist aber auch als Anreiz und Belohnung gedacht für eine Lebensweise, die sich an ökologischer Bescheidenheit orientiert. Unter langfristigen Gesichtspunkten betrachtet, insbesondere unter dem Aspekt der Nachhaltigkeit, ist zumindest zu vermuten, daß eine sehr bescheidene, ressourcen- und umweltschonende Lebensweise manche Vorzüge aufweist. Warum sollte ein solches Verhalten nicht ‹belohnt› werden? Es ist nicht einzusehen, warum wir beispielsweise an Bescheidenheit orientierte Menschen gegen ihren Willen zwingen sollten, an der Herstellung einer Zivilisation teilzunehmen, die sie für sich weder wünschen noch beanspruchen.

Eine wichtige Funktion des Grundlohns besteht in der Ermöglichung und Vermittlung von Anreizen für sinnorientierte Tätigkeiten. So könnte einem bäuerlichen Familienbetrieb aufgrund der zweimal 1.500.-- Fr./DM monatlich ermöglicht werden, nachhaltige, z.B. biologische, Landwirtschaft zu betreiben. Auch viele andere Berufsgruppen, ganz besonders aus dem handwerklichen Bereich, erhielten so die Chance, sich aus dem ökonomischen Zwang unökologischer Produktionsweisen herauszuarbeiten. Der Grundlohn könnte auch die ökonomischen und damit zeitlichen, zum Teil auch psychologischen Voraussetzungen schaffen für ein weites Feld informeller, freiwilliger sozialer Leistungen, zum Beispiel Pflege der Gemeinschaft mit älteren oder einsam gewordenen Menschen, Lebens- und Nachbarschaftshilfe etc. Ferner ist der Grundlohn eine ökonomische Basis für die Flexibilisierung der Arbeitsgestaltung und für eine den individuellen Bedürfnissen und Interessen angepaßte Gestaltung der Pensionierung. Er ermöglicht auch verstärkte Anstrengungen zur privaten Weiterbildung.

Die Einführung eines Grundlohnes ist nicht ohne Probleme.

Die entscheidende Frage ist aber, ob damit mehr Vorteile als Nachteile im Vergleich mit dem status quo erreicht werden. Dabei sind Vor- und Nachteile aus ethischer Sicht an klar definierten Kriterien zu messen, beispielsweise an dem Kriterium der Nachhaltigkeit oder der ständigen Verbesserung der Aussichten weniger Privilegierter oder an dem Kriterium der Verbesserung der allgemeinen Lebensqualität. Unter diesem Vorzeichen überwiegen die Vorteile des Grundlohns.

Gewiß sollten auch mögliche Nachteile dieses Systems beachtet werden. Wenden wir uns zunächst der oft geäußerten Furcht um eine mögliche Reduktion der Leistungsbereitschaft zu. Nun soll niemand zu Leistungen angeregt oder gar gezwungen werden, an deren Früchte er nicht partizipieren will. Teilhabe an der hochzivilisierten oder gar Luxusgesellschaft wird allerdings denjenigen mit Recht verwehrt, die dafür nicht arbeiten wollen. Daß sich hier im Falle von Meinungsänderungen im Verlaufe eines Lebens Schwierigkeiten einstellen können, soll nicht bestritten werden.

Befürchtet wird auch ein Rückgang der Verantwortlichkeit. Hier steckt aber ein Bildungsproblem dahinter. Die Eliten von heute können nicht einfach behaupten, nur eine kleine Minderheit sei zur autonomen Verantwortung fähig, die große Masse hingegen nicht. Vielmehr müßten wir einmal fragen, woher das denn kommt, daß faktisch viele Menschen nur auf Befehle und Anreize reagieren. Prinzipiell wird kein sich verantwortlich fühlender Mensch behaupten können, andere seien nicht zu dem fähig, was er selbst praktiziere.

Die Vorstellung von gewalttätigen unbeschäftigten Massen von Jugendlichen muß sich nicht bewahrheiten. Einmal kennen wir dieses Phänomen heute schon. Sozialdienst, Bildungsanstrengungen, eine andere Sozialisation in die neue Zeiteinteilung werden sich darauf jedoch positiv auswirken.

Ein Vorteil des Systems einer solchen Grundsicherung besteht wohl auch im Abbau administrativer Kosten. Es ist eine einheitliche Kasse denkbar, welche Arbeitslosenversicherung, Sozialhilfe, Stipendien, Rente, Direktzahlungen oder bedarfsorientierte Zulagen, zum Beispiel für Behinderte, sicherstellt.

V. Ausgewählte Beispiele für Lösungsstrategien

c) Wir brauchen neue Anreize oder vielmehr Motivationen für ökologisch und sozial bedeutsame Leistungen. Unter anderem lassen sich die Anreize nur über einen umfangreichen obligatorischen Sozialdienst, der von allen geleistet wird, erreichen.

Die Forderung nach einem obligatorischen Sozialdienst ist unter manchen Aspekten heikel, nicht zuletzt wegen möglicher Anklänge an den Arbeitsdienst in der Zeit des Nationalsozialismus. Der Unterschied zu jenem Arbeitsdienst hinsichtlich Form, Zielgebung und Organisation muß deutlich hervorgehoben werden.

Umfangreich heißt, daß der vorgeschlagene obligatorische Sozialdienst auf die Dauer von drei Jahren für jeden Mann und jede Frau angelegt ist. Ein Jahr wäre um das zwanzigste Lebensjahr zu leisten. Ein zweites Jahr wäre zu konzipieren als Wiederholungskurse, z.B. vierzehn Tage jedes Jahr. Das dritte Jahr könnte in Blöcken oder kurzen Einsätzen wenig vor oder nach der Pensionierung geleistet werden, als Komplementärdienst zu einem flexiblen Übergang in die Pensionierung und im Sinne der gesellschaftlichen Nutzung der Erfahrung älterer Menschen. Die gesetzliche Basis für einen solchen Sozialdienst könnte über die Einführung einer "Allgemeinen Dienstpflicht" auf Verfassungsebene geschehen, wie dies in der Schweiz zur Zeit der Diskussion über die Totalrevision der Bundesverfassung vorgeschlagen worden ist. Die konkreteren Bestimmungen wären dann über ein Bundesgesetz sowie auf dem Verordnungswege zu erlassen. Es ist überhaupt nicht an eine umfangreiche Bürokratisierung des Sozialdienstes gedacht, im Gegenteil: er wäre zwar in den Grundzügen durch einheitliche Bundesnormen zu bestimmen, die Durchführung bzw. Organisation erfolgte jedoch dezentral. Insbesondere gemeinnützige Organisationen und Gemeinden bekämen jährliche Kontingente an Sozialdienstpflichtigen zugewiesen. Beispielsweise könnte auch in allen Ländern, die die allgemeine Wehrpflicht kennen, der Militärdienst im Rahmen des obligatorischen Sozialdienstes absolviert werden, selbstverständlich unter Anrechnung der geleisteten Zeit.

Welches sind nun die wichtigsten Leistungen, die in einem Sozialdienst zu erbringen wären? Es sind dies vor allem ökologisch und sozial sehr bedeutsame Dienstleistungen, welche personalintensiv und teuer sind und im gegenwärtigen System nicht oder nur unzureichend erbracht werden. Bevor dazu konkrete Beispiele genannt werden, ist eine Vorbemerkung nötig: der Sozialdienst darf nicht zur Konkurrenzierung einiger Berufe wie der Sozialarbeit und der Krankenpflege führen. Es muß etwas wie eine ‹Opfersymmetrie› angewandt werden: möglichst viele Bereiche sind zu berücksichtigen. Insbesondere sind solche Tätigkeiten und Dienstleistungen für den Sozialdienst geeignet, welche über den ersten Arbeitsmarkt[106] nicht oder in für die Gesellschaft schädlicher Weise erfolgen.

Im Vordergrund stehen Leistungen im ökologischen Bereich, weil sich hier besonders schwerwiegende Defizite zeigen. Dies gilt z.B. für die Sortierung und Rückholung von Abfällen und Altlasten, wenn man davon ausgeht, daß die Dispersion von Stoffteilchen auf dem ganzen Planeten durch unsere Produktionsweise dem Gebot der Nachhaltigkeit besonders gravierend widerspricht. Fast schon traditionelle Leistungen wie Wald- und Seesanierung wären hier zu nennen, ebenso wie Dienstleistungen für ältere Menschen. Angesichts des steigenden Lebensalters warten gerade in diesem Sektor besonders personalintensive Aufgaben, die auf jeden Fall das gegenwärtige ökonomische System überfordern. Kommunikation mit älteren Menschen, Hilfe bei Gebrechlichkeit, Betreuung der Ernährung, Unterstützung der Pflege und Hilfestellung zu besserer Mobilität sind hier die wesentlichen Stichworte.

Wichtig ist ebenfalls die Intensivierung der Betreuung von Kranken, vor allem von psychisch kranken Menschen. Einzelne psychische Krankheiten verlangen im Hinblick auf eine optimale Behandlung so viele personale Dienstleistungen, daß diese jede heutige ökonomische Basis übersteigen. Als Beispiel sei das Problem der Kommunikation mit schizophrenen Patienten genannt. Intensive menschliche Betreuung ist auch im Bereich der Suchtprobleme nötig, vor allem hinsichtlich des Drogenproblems. Auch hier sind anstelle administrativer und polizeilicher Maßnahmen umfangreichere soziale und kommunikative Dienstleistungen nötig. Das immer akuter werdende Problem der Gewalt ruft ebenfalls nach perso-

---

[106] Unter erstem Arbeitsmarkt verstehen wir den an streng marktwirtschaftlichen Prinzipien orientierten Arbeitsmarkt.

nalintensiven Leistungen, und zwar sowohl hinsichtlich der *Prävention* von Gewaltursachen wie auch in bezug auf den *Schutz* vor Gewalt. Unter dem Aspekt der Prävention ist an die Betreuung von Jugendlichen zu denken, z.b. durch das Anbieten von sportlichen und kulturellen Möglichkeiten. Die ganze Palette der Gewaltursachen muß abgefragt werden unter dem Aspekt der Chancen einer personalintensiven Prävention.

Der am weitesten gehende Vorschlag in diesem Zusammenhang reicht bis hin zur Forderung nach Schaffung und Organisation einer gewaltfreien nationalen und internationalen Truppe, welche dort eingesetzt wird, wo das Entstehen von Gewalt vermutet wird. Aber der Sozialdienst hat auch für den Schutz vor Gewalt seine Bedeutung. Wenn die Sicherheit in den Abend- und Nachtzügen ökonomisch nicht mehr gewährleistet werden kann, dann könnten Angehörige des Sozialdienstes diesen Dienst leisten. Ähnliches gilt für die Sicherheit auf bestimmten Plätzen und Straßen.

Auch den Anliegen der Familienpolitik könnte der Sozialdienst entgegenkommen: in Form von Kinderhütediensten bezüglich der Berufstätigkeit von Mann und Frau, als Pflege und Betreuung der Kinder in der Schule, als besondere pädagogische Hinwendung zu schlecht integrierten Kindern, endlich als schulbegleitende Dienste für die Kinder ausländischer Bürger. Wenn es stimmt, daß Familien und Schulen mehr und mehr zur Quelle für gewalttätiges Verhalten werden, dann müssen künftig außerordentlich viele Mittel für diese Bereiche aufgewendet werden.

Wenn man davon ausgeht, daß der Sport angesichts des Anwachsens der Freizeit, aber auch im Hinblick auf die gesundheitliche Prävention einen viel höheren Stellenwert erhalten muß, wäre auch hier ein Einsatz des Sozialdienstes möglich, z.B. im Rahmen von Sportclubs für junge und alte Menschen, die von Krankenkassen und Gemeinden mitorganisiert werden könnten.

Im Rückblick auf den freiwilligen und obligatorischen Sozialdienst muß deutlich gemacht werden, daß wir mit diesen Postulaten einen zweiten Arbeitsmarkt vorschlagen. Auf diesem zweiten Arbeitsmarkt sollen die Produkte hergestellt und Leistungen erbracht werden, die über den ersten Arbeitsmarkt nicht erbracht werden können. Gleichzeitig sollen im zweiten Arbeitsmarkt die Fähigkeiten derjenigen Menschen zum Zuge kommen, die im ersten Arbeitsmarkt ohne Chance sind: frühpensionierte Fachleute, Arbeitslose, Behinderte, Freiwillige, obligatorisch Sozialdienstleistende. Staat bzw. gemeinnützige Gesellschaften können große und kleine Projekte entwickeln, in denen diese Ziele erreicht werden. Man kann beispielsweise an Projekte denken wie Altlastensanierung, ökologischer Landbau, Sicherheitsdienst, Betreuung von kranken Menschen, und vieles mehr. Die Grundidee dabei ist folgende: Wir sollen nicht die Arbeitslosigkeit, sondern die Arbeit finanzieren.

d) Wir müssen - vor allem zur Überwindung des Widerspruchs zwischen der Logik der Unternehmen und der Logik der Gesamtwirtschaft bzw. Gesellschaft - neue Koalitionen in der Wirtschaft finden und uns mit neuen Partnerschaften auf regionale Ziele ausrichten.
Unter den eingangs beschriebenen Bedingungen der Weltwirtschaft müssen, wie gesagt, Unternehmen ein Stück weit unerbittlich auf Konkurrenzfähigkeit und Gewinnstrebigkeit aus sein. Diese Logik schafft aber Probleme auf der gesamtgesellschaftlichen Ebene, beispielsweise durch die (mindestens momentan) damit verbundene Erhöhung der Arbeitslosigkeit.

Angesichts des Umstandes, daß wir die nationale Begrenzung des wirtschaftlichen Handelns weitgehend abgebaut haben und insbesondere in der Wirtschaft der Idee des Weltdorfes nacheifern, ist der Handlungsspielraum einzelner, auch großer wirtschaftlicher Unternehmen beschränkt. Dies aus einem einfachen Grunde: letztlich ist fast jedes wirtschaftliche Unternehmen auf der Welt dem internationalen Konkurrenzdruck ausgesetzt.

Nun gibt es durchaus, wenngleich begrenzte, Möglichkeiten für eine neue Unternehmenspolitik. Die Grundidee dabei müßte sein, daß Unternehmen ökologische Konkurrenznachteile kompensieren durch andere Maßnahmen, vor allem durch Verbesserung von Motivation, Image und Kooperation. Folgende Vorschläge sind erwähnenswert:
- bessere, auch ethische Motivation der Mitarbeit;
- Motivation zur Verbesserung der Organisation (Lean-Production, ohne deren negative Folgen);
- Innovationsförderung;

- Erhöhung des Freiheitsraums von Mitarbeitern;
- Erproben von Arbeitszeitreduktionen auf freiwilliger Basis: 80%-Stellen/Halbtagsstellen;
- Prüfung der Gehaltssysteme hinsichtlich der ökonomischen Notwendigkeit der Unterschiede;
- Schaffung von Innovationszirkeln;
- Mitarbeiterbeteiligung, evtl. an Innovationsprojekten.

Auf der Ebene der Unternehmensstrategie sind denkbar:
- bessere Produkte;
- langfristig ökologisch verwertbare Produkte und Produktionsweisen (dies kann nur von einer bionischen Produktionsweise im strikten Sinne gesagt werden);
- Verbesserung des Images durch Betonung der soeben genannten Produkte;
- Verbesserung der Akzeptanzbedingungen für sinnvolle und ökologisch vertretbare Produkte (politische Einflüsse);
- Konzentration auf Produkte und Dienstleistungen, welche die Menschen wirklich brauchen;
- Suche nach Produkten und Dienstleistungen, welche die Trendsetter bevorzugen;
- Schaffung neuer Koalitionen, zum Teil auf ethischer Basis, zwischen Mitarbeitern, Geldgebern, Kunden und Lieferanten;
- Konzentration auf Innovation bezüglich Produkte und Dienstleistungen, welche aus sozialen, kulturellen, vor allem ökologischen Gründen für übermorgen dringlich sind;
- Konzepte für langfristiges, nicht kurzfristiges Gewinnstreben;
- Unterlaufen der internationalen Konkurrenzbedingungen durch Konzentration auf regionale Märkte.

Trotz der Unvollkommenheit und Wirkungslosigkeit bisheriger Strategien wäre ein Ausweg aus dieser Widersprüchlichkeit vor allem dann denkbar, wenn sich im Hinblick auf konkrete Zielsetzungen in größeren, aber überblickbaren Regionen neue Koalitionen finden könnten. Eine Region könnte sich das Ziel setzen, die gesamtwirtschaftlichen Fixkosten drastisch zu senken, beispielsweise die Gesundheits- und Energiekosten. Damit dieses Ziel erreicht werden kann, müßten neue Partnerschaften bzw. Koalitionen gefunden werden: Ärzte, Konsumentinnen, Banken und Unternehmen würden auf Unterstützung und Mitarbeit verpflichtet. Ebenfalls sind solche Zielsetzungen und Koalitionen nötig für die Überbrückung einer Durststrecke bei der Entwicklung von neuen Technologien. Zu denken ist beispielsweise an Zukunftsbanken zur Finanzierung der Durststrecke während der Planung und Entwicklung eines ökologischen Produktes, das möglicherweise erst Jahre später einen Absatzmarkt findet. So könte sich eine traditionelle Industrieregion das Ziel setzen, in zehn Jahren ein exportfähiges Material herzustellen, das dem Gebot der Nachhaltigkeit entspricht. Banken, diverse Sponsoren, Landbesitzer, Gewerkschaften, Wissenschaftler und Unternehmen müßten sich zusammenfinden und im Sinne einer konzertierten Aktion ein solches Ziel innerhalb der gesetzten Frist erreichen wollen. Durch eine solche *Strategie neuer Koalitionen* mit konkreten Zielsetzungen für eine Region könnte der Widerspruch zwischen der Logik der Unternehmen und der Gesellschaft wenigstens teilweise unterlaufen werden. Die Koordinationsarbeit für diese Strategie könnte von regionalen Räten geleistet werden.

5. Handeln in der Freizeit

5.1 Das Beispiel Sport und Gesundheit

Das Anwachsen der freien Zeit ist ein gewichtiger Trend der heutigen Gesellschaft. In diesem Anwachsen der Freizeit liegen auch ökologische Gefahren: Es sieht so aus, als ob die Menschen die freie Zeit heute vor allem mit Tätigkeiten ausfüllen wollen, welche viel Energie verbrauchen, allen voran die Reise- und Mobilitätslust. Schon aus diesem Grund ist im Blick auf eine ökologische Gesellschaft über die sinnvolle Gestaltung der gewonnenen freien Zeit nachzudenken. Im Zusammenhang mit der Freizeit kommen dem Sport, der Gesundheit und dem Tourismus hohe Bedeutung zu.

Es mag in diesem Zusammenhang von Interesse sein, daß die älteste eigentliche Ethik Europas, die Nikomachische Ethik des Aristoteles, nicht zuletzt aus der Diätik und Gymnastik herausgewachsen ist. Es finden sich dort auch noch die entsprechenden Spuren: "Denn wer von Natur häßlich ist, wird niemals getadelt, wohl

V. Ausgewählte Beispiele für Lösungsstrategien 131

aber, wer es aus Mangel an Turnen und Körperpflege ist"[107] Wir können aus diesem Umstand herleiten, daß die Ethik im Ansatz Lebensförderung sein will.

Die Gesundheit ist ein bedeutender Faktor für das ‹gute Leben›, die Lebensqualität also. Zu denken wäre hier an Glückserfahrung der Abwesenheit von Krankheit und Gebrechen, das Wohlbefinden, die Motivation zu Leistungen und anderes mehr.

Die Gesundheit ist ebenfalls eine wichtige Voraussetzung für das Zusammenleben der Menschen, beispielsweise hinsichtlich der Leistungsfähigkeit oder der sozialen Kosten. Gesundheit verhindert Abhängigkeit, motiviert zu Leistungen, vermindert das gegenseitige Sich-zur-Last-fallen. Wir sollen die Gesundheit aber auch als Geschenk verstehen, so wie wir das Leben überhaupt als solches verstehen sollen. Allerdings nehmen wir im Bereich der Gesundheit auch die Grenzen und Befristung des Lebens wahr, ja wir sollen dies auch. Das bedeutet konkret die Wahrnehmung der Gesundheit als Geschenk, mit dem sorgsam umzugehen ist; weiter die Wahrnehmung der Notwendigkeit der Pflege, der Grenzen bei Störungen der Gesundheit und damit auch der Unvollkommenheit.

In diesem Zusammenhang muß die deutliche Feststellung gemacht werden, daß nicht alle Menschen mit Gesundheit beschenkt werden. Die Bedeutung der Gesundheit für den Menschen muß immer auch im Lichte dieses Geschenkcharakters gesehen werden. Jede Verherrlichung der Gesundheit ist von daher abzulehnen. Wenn wir dies akzeptiert haben, können wir sagen: Durch die Gesundheit ist dem Menschen die Fähigkeit gegeben, sein Schicksal in die eigene Hand zu nehmen. Autonomie, Reaktionsfähigkeit und Handlungsfähigkeit sind wichtige Stichworte dafür. Besonders wichtig ist die Bedeutung der Gesundheit für die Handlungsfähigkeit des Menschen. Darunter soll hier "die Fähigkeit des Menschen" verstanden werden, "sich in den jeweiligen Lebenssituationen zu bewähren und die private, berufliche und politische Umwelt mitzugestalten. Sie umfaßt den Menschen in seinen biologischen, intellektuellen, ethischen und emotionalen Aspekten".[108]

---

[107] Aristoteles, Nikomachische Ethik, 1114a.
[108] Hochschulen, 1978, S. 45.

Wie hoch ist nun die Bedeutung der eigenen Verantwortung für die Gesundheit in einer ökologischen Gesellschaft einzuschätzen? Zunächst ist sie ein Beispiel für die oben genannte Eigenarbeit und damit ein Beitrag zur Minderung der wirtschaftlichen Dynamik in einem problematischen Sinne, nicht zuletzt als Verminderung der Fixkosten einer Gesellschaft, welche dadurch Mittel für andere Aufgaben bereitstellen kann. Weiter braucht die ökologische Gesellschaft handlungsfähige und handlungsbereite Menschen. Endlich trägt die Praktizierung der Eigenverantwortung für die Gesundheit bei zum gelingenden Leben und damit zur Verminderung von Frustrationen. Wie wir wissen, rufen gerade Frustrationen nach Kompensationen, die nicht selten ökologisch problematisch sind.

Sport kann, auch und gerade als Spiel, zweckfreie Glückserfahrung bedeuten. Durch Bewegung kommt es zur Erfahrung von Entspannung und Freude. Sport kann das innere Gleichgewicht eines Menschen stärken. Er vermittelt wichtige Erfahrungen in der Erprobung des eigenen Körpers, z.B. dadurch, daß wir spüren, daß wir Beine, Muskeln, Kraft und Ausdauer haben. Sport kann uns helfen, Widerwärtigkeiten zu trotzen, Kraft zu finden für Widerstand, aber auch für Hartnäckigkeit und Leistungsfähigkeit. Sport hilft mit, Seele und Geist zu stärken, kann innere, geistige Freiheit, kreatives Denken und innovative Kraft fördern.

Zusammengefaßt ausgedrückt: Sport ist ein hervorragendes Medium zur Gewinnung der eigenen Handlungsfähigkeit und damit eben der Fähigkeit, das Schicksal aufgrund der Erfahrung der eigenen Vitalität in die eigene Hand zu nehmen.

Durch Sport können wir den Körper als Geschenk erfahren und angeleitet werden, mit diesem Geschenk sorgsam umzugehen. Wir können aber auch lernen, mit der Begrenztheit des Körpers umzugehen und auf Störungen des Körpers zu achten. Gerade Grenzerfahrungen mit dem Körper sind wichtig: Wir sollen lernen, dem Körper keine Gewalt anzutun, ihn nicht zu überfordern, auch nicht mit chemischen Mitteln. Wir können lernen, auf Unsinn zu verzichten und abzukommen von dem Wahn, daß Gesundheit, Jugend und Körperkraft ewig dauern werden.

Die Erfahrung und die Praxis von Fairneß im Sport kann von größter Bedeutung sein für die Fähigkeit, das *gemeinsame* Leben fair zu gestalten. Sport erhöht die soziale Kompetenz, die Fähigkeit zur Kommunikation, die soziale Integration, die Fähigkeit, auf Bedürfnisse anderer einzugehen, auf die Unversehrtheit des anderen zu achten, Rücksicht auf Schwächere zu nehmen, niemandem Schaden zuzufügen, sorgfältig mit sich und anderen umzugehen. Sport und Spiel sensibilisieren auch für das allgemeine Verständnis von wichtigen gesellschaftlichen Werten wie Gerechtigkeit und Chancengleichheit. Sport vermag nicht zuletzt die Erfahrung von Teamgeist zu vermitteln, von gemeinsamer Befähigung zur Leistung und von Partnerschaft.

Die übergeordnete, gesamtgesellschaftliche Bedeutung des Sportes soll nun noch dadurch anschaulich gemacht werden, daß wir ihn in einen größeren Zusammenhang stellen. In einem ersten Gedankengang soll der Sport auf die Dialektik von Arbeit und Freizeit unter sechs Verhältnisbestimmungen bezogen werden.[109]

Da ist zunächst eine regenerativ-rekreative Zuordnung möglich. In der Tat kann der Sport die Funktion der Regeneration übernehmen. Weiter gibt es die Möglichkeit der komplementären Zuordnung von Arbeit und Sport: Sport kann z.B. positive Sinnerfahrungen in der Arbeitswelt noch verstärken. Die suspensive Zuordnung, also die dritte Möglichkeit, meint, daß der Sport im Sinne eines Ersatzes die Identitätsbildung übernimmt, was natürlich sofort kritische Fragen im Hinblick auf die Arbeitswelt aufwirft. Viertens gibt es die emanzipatorische Zuordnung, d.h. der Sport übernimmt zwar auch die Identitätsbildung, unterstützt und fördert damit aber die Identitätsbildung in der Arbeitswelt. Die regressive Zuordnung, als fünfte Möglichkeit, meint die Dominanz von Leistung und Arbeit und damit die Verkümmerung des Sportes. Es läßt sich, sechstens, eine kompensatorische Zuordnung denken: Der Sport wird zur Flucht aus der Arbeitswelt. Diese Zuordnungen können positive wie negative Wirkungen des Sports bzw. damit verbundene Zusammenhänge deutlich, diskutierbar und kritisierbar machen.

Nachdem nun von den bedeutsamen Werten des Sports gesprochen wurde, sollen auch seine negativen Seiten nicht verschwiegen

---

[109] Vgl. dazu P. Spescha, 1991.

werden. Zu denken ist etwa an Leistungsexzesse mit schweren Folgen für die Gesundheit, eben unter Mißachtung der Geschenktheit und Befristetheit des Körpers. Dabei ist besonders auf Unsinn und Gefahren des Dopings hinzuweisen.

Sport kann aber auch die Fairneß verletzen, die Gesundheit allgemein schädigen, insbesondere durch Sportunfälle, welche auch einen sozialen bzw. ökonomischen Faktor darstellen. Sport kann ausgenützt werden für Werbung und Politik. Mit Sport verbunden ist auch Gewaltausübung, Umweltzerstörung, vor allem dann, wenn unzählige Zuschauer nach langen Anfahrten wenigen Aktiven zuschauen.

Sport ist letztlich auch ein Mittel der Zerstreuung, die negative Seiten haben kann, nämlich dann, wenn der Sport ablenkt von sozialen und politischen Schäden und Herausforderungen. Tendenziell sollte Sport stets eine kontrafaktische Dimension entfalten: gegen falsche Anpassung, gegen Passivität und gegen Abhängigkeit.

Vor allem der Spitzensport steht in der Gefahr, die negativen Seiten unserer Gesellschaft auf die Spitze zu treiben: Gefährdung der Gesundheit, sinnlose Leistungsexzesse, Umweltzerstörung, Zahlengläubigkeit, Geschwindigkeitsrausch, Primitivisierung. Natürlich läßt sich auch der Spitzensport nicht generell verdammen. Aber er ist ständig kritisch zu prüfen an der Idee der Sinnhaftigkeit für den Menschen und seine Gesundheit.

5.2 Das Beispiel Tourismus

Nach fast allen Standards ist der Tourismus ein ökologisches Problem von allerhöchster Bedeutung. Die Konkretisierung dieser Behauptung fängt mit der Feststellung an, daß der Tourismus möglicherweise weltweit der bedeutendste Wirtschaftszweig des 21. Jahrhunderts werden könnte.[110] In nur zwei Jahrzehnten hat sich der weltweite Umsatz im Tourismus von 22 Milliarden auf 3500 Milliarden US-Dollar gesteigert, eine unvorstellbare Summe, wenn man desweiteren annimmt, daß die Tourismuspotentiale in den USA, Japan und Osteuropa erst zum geringsten Teil ausgeschöpft worden sind.

---

[110] Vgl. W. Hopfenbeck, P. Zimmer, 1993, S. 35ff.

V. Ausgewählte Beispiele für Lösungsstrategien

Diese Größenordnung zeigt, daß wir es mit einer zunächst ökonomisch gigantischen Sache zu tun haben. Es kann keine Frage sein, daß eine derartige Nachfrage nach touristischen Angeboten ein eindeutiges Indiz dafür ist, daß der Tourismus den Menschen sehr wichtig ist. Und es kann wohl kaum ein Zweifel darüber bestehen, daß für Millionen von Menschen das Urlaub-Machen einen ganz besonderen Stellenwert einnimmt.

Fragen wir aber nach der Bedeutung des Tourismus für den Menschen, für die Wirtschaft und für die Natur, drei Perspektiven also, die auch für die Ethik relevant sind, dann wird eines sogleich deutlich: Das ‹gute Leben›, das ‹Gelingen des Lebens› von unzähligen Millionen steht auf dem Spiel, und zwar das der Reisenden wie das der Bereisten. Was die Wirtschaft betrifft, wirft der Tourismus altbekannte und hochrelevante Probleme auf: Es geht um die Zerstörung von gesellschaftlichen Strukturen, um Ausbeutung, Zerstörung von Werten, Unterschichtung, Profit. Und nicht zuletzt wird die natürliche Umwelt womöglich durch nichts anderes so sehr beeinflußt und zerstört wie durch den Tourismus.

Nimmt man die klassisch gewordenen Aspekte der Umweltzerstörung wie Versiegelung der Böden, Abfall, aufgerissene Stoffkreisläufe und Zerstörung der Artenvielfalt, dann sind wir mit unserem Thema im Zentrum der Umweltzerstörung angelangt.

Wir können auch aus der Perspektive der Hauptprobleme von heute fragen, die wohl zutreffend mit der folgenden Dreiheit umrissen werden können: Erstens der tiefgreifende und rasche Eingriff des Menschen in Raum, Zeit und Materie; zweitens das ungelöste Verteilungsproblem und drittens der Verlust der Ressource Sinn. Unter all diesen Aspekten ist der Tourismus an der Problemherstellung prominent beteiligt.

Beleuchten wir den Aspekt des Reisens im engeren Sinne, dann können wir unschwer feststellen, daß es einen unglaublichen Eingriff in die Natur bedeutet. Schon die Swissair erzeugt, nebst ihren Flügen, einen Autoverkehr von 970'000 km täglich, vor allem durch Passagiere, Begleiter, Abholer, Besucher und Personal.[111] Unter Titeln wie Verkehr, Energie, Überbauung, Abfall, Wasser,

---

[111] A.a.O., S.243.

Lärm, Erosion, Artenvielfalt ist der Beitrag des Tourismus zur Umweltzerstörung eminent.

Aber auch unter dem Aspekt des zweiten Problems, der Verteilung, scheint Kritik angebracht. Obwohl der Tourismus Arbeitsplätze schafft und große finanzielle Ströme in unterentwickelte Gebiete lenkt, ist es klar, daß hier wie dort vor allem Oberschichten davon profitieren und der Hauptverdienst sowieso in den Industrieländern bleibt.[112] Ein Beispiel:

Anteil der Ausgaben, der in Europa bleibt oder nach Europa zurückfließt

Anteil der Ferienausgaben (Gesamtausgaben = 100%)	Davon bleiben in oder fließen nach Europa zurück	Davon bleiben in Kenia
1. Buchungskosten und Anteil Reisebüro: (20%)	100%	0%
2. Flugkosten 40%	90%	10%
3. Hotel, Essen, Getränke: 24%	25%	75%
4. Exkursion, Safari: 8%	90%	10%
5. Souvenirs, Einkäufe: 8%	28%	72%

Besonders interessant ist der dritte Aspekt, die Frage nach dem Sinn. Zweifellos ist der Tourist auf der Suche nach Lebenserfüllung und Identität, also letztlich auf der Suche nach Sinn! Krippendorf, ein anerkannter Tourismusfachmann, hat die Motive der Reisenden untersucht und kommt zu folgenden hauptsächlichen Kategorien: Abschalten, frische Kraft sammeln, Zeit haben, ruhen, sich verwöhnen lassen, Tapetenwechsel, gut essen, Gesellschaft, frei sein.[113] Abschalten und Tapetenwechsel stehen mit Abstand an der Spitze der Motive. Diese Ergebnisse decken sich auch mit denjenigen anderer Untersuchungen.[114] Mit Kubina kann man die ethisch höchst bedeutsame Folgerung ziehen: "Wie die Ergebnisse verdeutlichen sind die Urlaubsmotive meist negativ, also durch Weg-von-

---
[112] Belege für diesen Sachverhalt finden sich z.B. in U. Mäder, 1991, S.66 ff.
[113] Vgl. J. Krippendorf, 1988, S.40f.
[114] Vgl. E. M. Kubina, 1990, S.146.

V. Ausgewählte Beispiele für Lösungsstrategien

Bewegung bestimmt, desweiteren dominiert eine gewisse Form von Passivität im Vorstellungsbild der Touristen (nichts tun, ausruhen, abschalten)".[115] Ähnliche Schlüsse zieht Scheuch: "Distanzgewinnung zum Gewohnten".[116] Andere Sprechen von "Flucht aus dem Alltagsleben".[117]

Vermutlich befinden wir uns hier an einem neuralgischen Punkt unseres Problems: Die Motivation für den Tourismus ist nun doch weitgehend negativ im Sinne einer Distanz zum Alltag oder gar der Flucht aus dem Alltag. Gesucht wird das eigentliche Leben oder doch ein Hauch davon.

An und für sich kann man diesen Motiven durchaus Sinn abgewinnen. Und trotzdem sind sie, hinsichtlich ihrer Form und Auswirkungen, bedenklich, und zwar in folgender Hinsicht: Erstens bedeutet diese Flucht von Millionen eine katastrophale Beeinträchtigung der Natur, in erster Linie durch den Verkehr bzw. durch einen enormen Energieverbrauch auf der Basis fossiler Brennstoffe. Zweitens stößt die Flucht aus dem Alltag sehr oft dort an die Grenze, wo die erstrebten Ziele: Ruhe, Entspannung, Abschalten nicht oder nur unter streßhaften Bedingungen erreicht werden. Drittens aber macht die Suche nach Sinn durch Millionen von Flüchtenden absolut keinen Sinn für die Bereisten. Vielmehr ist diese Massenbewegung eine schwerwiegende Beeinträchtigung der Sinnerfahrung der Bereisten, vor allem derjenigen in der Dritten Welt, aber nicht nur dort. Sextourismus, Zerstörung von Kulturen und Strukturen, Unterstützung von Gewaltsystemen sind nur einige Hinweise auf diesen Sachverhalt.

Hinter diesen drei Problemen steht letztlich ein einziges: die Zahl. Die Tatsache, daß Millionen, ja bald Milliarden im Tourismus die Flucht aus dem Alltag ergreifen, erstickt im Grunde alle möglichen Konzepte eines "sanften Tourismus" im Keim, eines "Tourismus aus Einsicht".[118] Zwar ist die Anzahl von Konzepten auf der Linie solcher Vorstellungen ebenfalls beeindruckend. Wir werden noch darauf zurückkommen. Aber im Grunde genommen ist

---

[115] A.a.O., S.147.
[116] A.a.O., S.145.
[117] A.a.O., S.146.
[118] W. Hopfenbeck, P. Zimmer, 1993, S. 217.

die Lage deshalb fast hoffnungslos, weil niemand sagen kann, wie man den Massentourismus in ökologisch und kulturell sanfte und sinnvolle Bahnen lenken könnte.

Die ethische Prüfung des Tourismus unter den drei Aspekten: Eingriffe in Raum, Zeit und Materie; Verteilung; Sinnstiftung hat uns demnach ins Zentrum des Problems geführt, und das ist schlicht die Zahl! British Airways, eine Fluggesellschaft mit besonders hohem Umweltbewußtsein, hat klar ausgesprochen, was das heißt: "It is not, and will never be, the objective to paint a bright green image of British Airways. We are well aware that to attempt this is to attempt a contradiction in terms because of the very nature of our business. It is, however, our objective to go about our business in a genuinely responsible manner and to attempt to illustrate that we are doing so".[119]

Mit anderen Worten: Die Zahl derer, die eine moderne Fluggesellschaft transportiert, kann niemals unter ökologisch akzeptablen Bedingungen transportiert werden. Der Massentourismus und der sanfte Tourismus schließen sich aus, auch unter anderen Aspekten wie Versiegelung der Böden, kulturelle Penetration, Ruhe und Erholung, Straßenverkehr.

Im Blick auf die zwar beeindruckenden Konzepte für einen sanften Tourismus, aber eben auch im Blick auf die Zahl der Touristen, muß man wohl Meyer-Abich Recht geben, wenn er im Umweltschutz nur eine Immunisierung gegen unsere eigenen Fehler sieht, "statt daß wir die Fehler überhaupt unterlassen".[120] Offenbar führt nichts an der wichtigen Feststellung vorbei, daß die Verminderung der Zahl der Alltags-Flüchtigen absolute Priorität haben muß vor der noch so ökologischen und sinnvollen Gestaltung dieser Flucht selber. Damit sind wir aber vor eine derart radikale Alternative gelangt, die uns eigentlich keine Realisierung offen läßt.

Zu all dem kommt nun noch der Umstand, daß gerade im Blick auf die Zahl der Zukunftstrend nach oben zeigt. Die zitierte Studie von Hopfenbeck und Zimmer faßt die allgemein anerkannten Ursachen für den sich noch verstärkenden Boom unter folgenden Stich-

---

[119] A.a.O., S. 217.
[120] A.a.O., S. 488.

V. Ausgewählte Beispiele für Lösungsstrategien

worten zusammen: fortschreitende Arbeitszeitverkürzung und also Entwicklung von der Arbeits- zur Freizeitgesellschaft; steigender Anteil älterer Menschen; die Ausgleichsfunktion des Reisens in bezug auf die verstärkte Monotonie, Anonymität und Langeweile des Großstadtlebens; steigende Einkommen; ein höheres Bildungsniveau und eine größere Mobilität.[121] Wie soll sich angesichts dieser Antriebskraft die Zahl der Touristen verringern lassen?

Zunächst soll der Blick nun doch auf den Umstand gelenkt werden, daß sich die Tourismusbranchen, vor allem die Anbieter im Tourismus, der Probleme durchaus immer mehr bewußt werden. Dies gilt insbesondere für den ökologischen, aber auch für den Sinnaspekt. Gleichzeitig und zum Teil als Auslöser für diesen Bewußtseinswandel sind neue Motivationen von Trendsettern unter den Touristen erkennbar, aber auch das, was man schon den ‹Aufstand der Bereisten› genannt hat. Wie sich auch in anderen Bereichen gezeigt hat, gibt es eine immer größer werdende Gruppe in unserer Gesellschaft, die sich in ihrem Konsumverhalten umweltbewußt und sinnorientiert verhält und sich das auch etwas kosten läßt. Die Anbieter, nicht nur im Tourismus, reagieren relativ sensibel auf die Gruppe, die sie eben als Trendsetter verstehen. Sie sind der Meinung, sie müßten sich in Zukunft noch stärker auf solche Bedürfnisse ausrichten.

Natürlich hat dieser Bewußtseinswandel noch lange nicht die Mehrheit der Anbieter erreicht. Diese operiert nach wie vor mit den Argumenten, daß der Kunde als Tourist eben seine Bedürfnisse habe und es nicht angehe, diesem andere Bedürfnisse oder Freiheitsbeschränkungen aufzuzwingen.

Aber trotzdem läßt sich nicht übersehen, daß sich im Tourismus ein Wandel vollzieht, und zwar meist weit ab von einer öffentlichen, schon gar einer ethisch geführten Diskussion. Es gibt bereits eine große Fülle von Anregungen, wie die Tourismusbranche selbst zu alternativen Tourismuskonzepten gelangen kann.[122] Insider im Tourismusgeschäft reagieren sensibel auf die ökologisch bewußte Minderheit der Reisenden wie die Proteste der Bereisten. Die

---

[121] A.a.O., S. 34f.
[122] Vgl. v.a. W. Hopfenbeck, P. Zimmer, 1993.

negativen Begleiterscheinungen des Tourismus werden wahrgenommen. Es ergeht der Ruf nach einem vernetzten Denken. Das umweltorientierte Hotel- und Gaststättenmanagement hat konkrete Vorschläge für fast alle umweltrelevanten Abläufe erarbeitet, vom Seifenverbrauch über die Verpackung von Marmelade bis zum Energieverbrauch. Nachdem die Reiseveranstalter lange Zeit keine Bewegung zeigten, hat der größte Reiseveranstalter Europas, die Touristik Union International, eine Vorreiterrolle übernommen und wirbt mit dem Slogan: auch die Umwelt braucht Erholung. Hotels und Urlaubsgebiete werden z.B. nach ihrer Umweltverträglichkeit analysiert. Der umweltverträgliche Tourismus wird als neues und eigenes Marktsegment erkannt. Ökologische Überlegungen halten Einzug in die Unternehmenskultur. Abfallkonzepte, Umweltbeobachtung und Umweltkontrolle, Umweltberichte, Audits und Umweltverträglichkeitsprüfungen werden vorgeschlagen und angewendet. Der Gedanke der gemeinsamen Verantwortung aller Beteiligten - der Reisenden wie der Bereisten, der Veranstalter und der Verkehrsträger etc. - ist im Wachsen.

Es gibt nach meiner Kenntnis kaum noch eine Branche, in der so viele Details für ein umweltgerechtes Handeln ausgearbeitet, vorgeschlagen und wohl auch praktiziert werden wie im Tourismus, eine absolut eindrückliche Entwicklung. Die Ferien der Zukunft können sich auch Tourismusanbieter wie folgt vorstellen:

- Ferien als sinnstiftende Zeit: Zeit für uns selbst, für den eigenen Körper, für die Seele; für die Begegnung mit Menschen und Kulturen, mit Geschichte und Landschaft, mit Tieren und Pflanzen.
- Ferien als Herausforderung für den eigenen Körper, für körperliche Regeneration und Gesundheitspflege.
- Ferien als Zeit des Lernens.
- Ferien als Zeit der Stille, der Besinnung, der Einsamkeit, der Askese, der Meditation.
- Ferien als Gelegenheit für eigene Projekte (Forschung, Liebhabereien, Kultur, Musik).
- Ferien zur Erprobung alternativer Lebensweisen.
- Ferien als Zeit für Erholung und Therapie.
- Ferien als Zeit der Abwechslung und neuer Erlebnisse.

V. Ausgewählte Beispiele für Lösungsstrategien 141

Nun kommt ‹das große Aber›: Selbst wenn es dem Tourismus gelingt, auf allen Ebenen die vorgeschlagenen umweltgerechten Details zu verwirklichen, es bleibt die Frage der großen Zahl. Die Tourismusbranche unterliegt, wie andere auch, der Fehleinschätzung, wonach sich die Quantität durch eine bessere Qualität neutralisieren lasse. Es gibt in absehbarer Zeit eben keinen Massentourismus ohne schwere ökologische und kulturelle Beeinträchtigung. Und wie gesagt: alle Zeichen deuten auf immer höhere Zahlen. Damit sind wir, bei aller Würdigung der Konzepte für einen sanften Tourismus, auf ein paar Grundfragen zurückgeworfen, die ins Zentrum der ethischen Reflexion gehören. Die wichtigsten dieser Grundfragen sind:

- Was machen die Menschen mit dem Anwachsen der freien Zeit?
- Wie kann man die Bedingungen für die Flucht aus dem Alltag verändern?
- Was machen die immer gesünder aber immer älter werdenden Menschen?
- Versteht sich der Mensch zu recht als Teil des Weltdorfes, d.h. ist es legitim, daß der Mensch die ganze Welt als ‹seinen Auslauf› in Anspruch nimmt?

Diese Fragen zeigen, daß uns die Entwicklung im Tourismus, wie übrigens auch in anderen zivilisatorischen Bereichen, zurückwirft auf die Frage, wie sich der Mensch selbst versteht. Wir können keine umfassende und sinnvolle Lösungen erwarten, solange wir nicht diese grundlegenden Fragen beantwortet haben.

Zunächst also zur ersten Frage: Was macht der Mensch mit dem immer höheren Anteil an freier Zeit? Im Blick auf die ökologischen Anforderungen, auf Probleme der Sinnstiftung und Identitätsbildung sowie auf die Ballung ungelöster Probleme ist keine andere Lösung denkbar als eine neue Aufteilung der menschlichen Tätigkeitszeit, was oben ausführlich dargelegt worden ist.[123]

Die zweite Frage betrifft die Veränderung der Ursachen der Alltagsflucht. Nur wenn die Menschen im Alltag eines höheren Grades der Sinnerfahrung, der Glückserfahrung und der eigenen Identitätsbildung gewahr werden, ist ein Abnehmen der Flucht aus dem All-

---

[123] Siehe oben S. 118f.

tag zu erwarten. Damit sind z.B. die Wohnungsprobleme, die Arbeitsbedingungen und die Gestaltung des persönlichen Lebens angesprochen. Menschen müssen sich in ihrem Wohnbereich wohler fühlen, im zwischenmenschlichen Bereich interessante Begegnungen und Herausforderungen erleben, in der Partnerschaft tiefere Befriedigung und am Arbeitsplatz weniger Entfremdung erleben, soll die Forderung auf Verminderung der Flucht eine Chance bekommen. Anzustreben ist, daß Menschen das, was sie auf der Reiseflucht suchen, in ihrer engeren Umgebung und im Alltag finden.

Und nun zur dritten Frage, nämlich der nach dem Verhalten der älteren Menschen. Die Überalterung der Gesellschaft, bei einer gleichzeitigen Senkung der Pensionierungszeit, wirft die Frage auf, wie denn die älteren aber noch gesunden Menschen ihre Zeit verbringen. Ein Blick in die Eisenbahnen an schönen Reisetagen gibt einen Vorgeschmack auf die zu erwartende Entwicklung. Ohne eine sinnvolle Einordnung älterer Menschen in die Gesellschaft, ohne deren Einbezug in sinnvolle Aufgaben, ohne Programme der Begegnung und Unterhaltung wird der Trend zur Reise nicht zu stoppen sein.

Die vierte Frage handelt von der Legitimität der grenzenlosen Mobilität in einer als grenzenlos verstandenen Welt. Wie so manche andere Frage ist sie nur nötig, weil die Menschen sich technische Mittel gegeben haben, welche die natürliche Mobilität um ein Vielfaches übersteigen läßt. Insofern ist die technologisch gestützte Mobilität ein Spezialfall der technologisch gestützten Ausweitung menschlicher Möglichkeiten überhaupt.

Aber ist es einfach so selbstverständlich, daß der Mensch seinen Fuß auf jeden Punkt des Erdballs setzen darf? Ist die Idee des Weltdorfes in dieser Hinsicht einfach eine Selbstverständlichkeit? Oder ist sie mit dem Konzept einer ökologischen Gesellschaft gar grundsätzlich unvereinbar? Letzteres scheint der Fall zu sein.

Wir haben gesehen, daß die Auseinandersetzung mit Fragen des Tourismus zuletzt einmündet in grundlegende Fragen des Menschseins. Darauf sind aus der Sicht der Ethik Antworten zu finden. Gleichzeitig sollen dabei die beeindruckenden Anstrengungen der Verantwortlichen im Tourismus nicht unterschätzt werden, im Gegenteil. Wir müssen aber erkennen, daß wir uns auch unter dem

Aspekt des Tourismus dort befinden, wo wir auch in anderen Bereichen angelangt sind. Bei der Erkenntnis nämlich, daß die Umwelt- und Sinnkrise den Menschen auf Grundsätzliches zurückwirft und daß sich alles nichtradikale Gerede von Umweltschutz und Nachhaltigkeit tatsächlich als fatale Immunisierung erweisen wird.

Nun müssen wir aber den Blick wieder auf den touristischen Alltag zurücklenken. Es ist keine Frage, daß der Blick in die grundsätzlichen und anthropologischen Tiefen unseres Problems die gegenwärtig beginnenden Anstrengungen der Tourismusbranche nicht entmutigen dürfen. Es wird in der nächsten Zeit vielmehr darum gehen, daß die Anbieter die Vielfalt ökologischer und sinnstiftender Angebote konkretisieren und diversifizieren. Auch der Ethiker ist dankbar für diesen Schritt und wird ihn nach Möglichkeit fördern helfen. Natürlich bleibt es dabei, daß die grundsätzliche Sicht dabei nicht vergessen werden darf.

6. Handeln im Weltdorf

6.1 Das Beispiel ‹Verantwortung der Industrienationen für die ökologische Misere in vielen Ländern der Dritten Welt›

Das Kapitel über das wirtschaftliche Handeln mündete aus in die Forderung, es sei das Zentrum wirtschaftlichen Handelns wieder in die Regionen zurückzuverlegen. Wir haben dafür gute Gründe genannt, vor allem zwei: Niemand hat ein Rezept für die Eindämmung und Kanalisierung der internationalen Konkurrenz, die vor allem ökologisch verheerend ist; niemand hat ein Konzept dafür, wie wir den Transport schwerer Güter über den ganzen Planeten hinweg so organisieren können, daß er dem Gebot der Nachhaltigkeit entspricht.

Trotz dieser guten Gründe ist die Forderung nach Regionalisierung des Welthandels provokant, vor allem aus zwei Gründen: Einmal widerspricht diese Forderung diametral dem gegenwärtigen Trend auf Liberalisierung des Welthandels im Gefolge der Gatt-Beschlüsse beziehungsweise der Schaffung der WTO. Dann ist diese Forderung auch problematisch vor dem Hintergrund der Lage der unterentwickelten Länder. Provokant daran ist vor allem der Umstand, daß ein Rückzug in die Regionen in einem Zeitpunkt gefordert wird, da das Ausmaß der Verarmung der Dritten Welt und die überproportionale Beteiligung der Industrieländer an der Umweltzerstörung der ganzen Welt deutlich wird. Insbesondere der letzte Punkt scheint anstößig, weil die Forderung auf Rückzug in die Regionen so aussieht, als ob die Industrieländer die Entwicklungsländer nach einer langen Periode der wirtschaftlichen und ökologischen Ausbeutung einfach ihrem Schicksal überlassen wollten. Dem ist nicht so. Bevor wir dieses Problem aber einer Lösungsstrategie zuführen, wollen wir hier exemplarisch das Ausmaß der Beteiligung der Industrieländer an der Umweltzerstörung der ganzen Welt zunächst deutlich festhalten.

Die Zerstörung von Natur und Umwelt in den Ländern der Dritten Welt hat in den letzten Jahren ein gefährliches und bedrohliches Ausmaß angenommen. Nicht nur die auf Export zielende Abholzung und Brandrodung von lebenswichtigen Urwaldregionen (jährlich gehen rund 17 Mio. Hektar Wald verloren[124]) droht das globale Klima aus dem Gleichgewicht zu stürzen; auch die industrie- und entwicklungsbedingten[125] Landschafts- und Gewässerzerstörungen wirken sich massiv negativ auf ganze Regionen aus, was wiederum globale Effekte zeitigt, angefangen bei weltweiter Zunahme von Bodenerosion und Desertifikation bis hin zur Verschmutzung der Weltmeere.

Es hieße an den Tatsachen vorbeireden, wollten wir für diese Probleme nicht Politiker, Militärs und Eliten, ja auch einige Bevölkerungsgruppen der jeweiligen unterentwickelten Länder selbst für das Maß der Zerstörung mitverantwortlich machen. Denn unbestreitbar spielen lokale, regionale, nationale und soziale Faktoren hier eine erhebliche Rolle, besonders im Hinblick auf den "Teufelskreis von Armut und Umweltzerstörung"[126]. Doch ist damit die Frage, wer die ökologische Misere in den Ländern der Dritten Welt hauptsächlich verursacht hat, noch nicht zureichend beantwortet.

---

[124] Vgl. zu aktuellen Zahlen: Globale Trends, 93/94, S. 92f.
[125] Hierzu zählen übermäßiger Ressourcenabbau, exportorientierte Landwirtschaft, Bevölkerungsdruck, Handel, Gewerbe, Industrie und Haushalte etc.
[126] Stiftung Entwicklung und Frieden, 1991, S. 47.

V. Ausgewählte Beispiele für Lösungsstrategien

Im Gegenteil, es muß leider mit Nachdruck auf die Beteiligung und die Verantwortung der Industrienationen für die ökologische Misere in den unterentwickelten Regionen dieser Erde hingewiesen werden.[127] Es läßt sich nicht bestreiten, daß die extrem ungleiche Verteilung von Reichtum und Lebenschancen und die parallel laufende ungerechte Verteilung der Kosten und der Lasten des Raubbaus an der Natur zwei Seiten der gleichen Medaille sind. Eine nüchterne und aufrichtige Analyse dieses System fördert zu Tage, daß mindestens während der beiden vergangenen Jahrhunderte die Großmächte und heutigen Industrienationen die Profiteure und Gewinner, die Entwicklungsländer hingegen weitgehend die zahlenden Verlierer dieses Wechselspiels mit ungleich verteilten Karten waren. Die wirtschaftliche Ausbeutung eines großen Teils der ärmsten Länder dieser Erde bescherte den Industrienationen einen nicht zu unterschätzenden Teil ihres heutigen Reichtums. Beteiligt an der einseitig gewinnträchtigen Vermarktung und Ausbeutung unterentwickelter Länder - und damit auch beteiligt am Raubbau an der Natur - sind die Industrienationen beispielsweise:

- Über Banken und Bankorganisationen, die als Gläubigerinstitutionen ein rein kreditfinanziertes Wirtschafts*wachstum* fördern, ohne konkrete Strategie- und Planungskonzepte, die den jeweils nationalen und regionalen Bedürfnissen angemessen sind.
- Über transnational operierende Konzerne, die im Interesse der Industrienationen die Beschaffung billiger Rohstoffe sichern, was zu einem massiven Ressourcenabbau führt. Oder über Konzerne, die große Produktionszweige eröffnen, dabei teure, gleichwohl notwendige Infrastrukturleistungen dem jeweiligen Staat aufbürden, andererseits sich aber nicht bereit zeigen, die erzielten, oft massiven Gewinne in regionale Entwicklungskonzepte zu reinvestieren etc.
- Hinzu kommt, daß die (westlichen) Industrienationen das Weltwirtschaftssystem dominieren und faktisch die Weltmarktpreise für Rohstoffe und Ressourcen diktieren, ohne den High-Tech-abhängigen Ländern die Möglichkeit adäquater, am Maß der Be-

---

[127] Es war in dieser Sache ein respektables Ergebnis der Konferenz von Rio, daß "die Industrieländer ihre Hauptverantwortung für die globale ökologische Krise anerkannt und eingestanden" haben. B. Unmüßig, 1993, S. 115.

troffenheit orientierter Interessenvertretung, geschweige denn grundlegende Mitbestimmungsrechte einzuräumen, in Hinsicht beispielsweise auf Ressourcenerschließung, Ressourcenabbau und deren Verarbeitung und Vertrieb vor Ort.
- Auch darf die extreme Dominanz der Industrienationen bei der Vertretung in den wichtigsten Organisationen, die den Welthandel überwachen und regulieren, nicht unterschlagen werden; politisches und wirtschaftliches Übergewicht beispielsweise bei IMF und Weltbank oder wie jüngst wieder aktuell geworden, bei den GATT/WTO-Verhandlungen.

Allein anhand dieser wenigen entwicklungspolitischen und weltwirtschaftlichen Faktoren läßt sich nachweisen, daß die Industrienationen an der wirtschaftlichen und sozialen Misere vieler Länder der Dritten Welt ursächlich beteiligt sind. Es geht hier nicht um eine monokausale Theorie zu Themen wie Unterentwicklung und Naturzerstörung, sondern es geht hier um die mögliche und durchaus angebrachte Verantwortungszuschreibung an die Adresse der Industrienationen. Von hier aus müssen wir dann die Frage nach Handlungsoptionen und Handlungsstrategien im Hinblick auf die Wiederherstellung und - wo dies noch möglich ist - auf die Erhaltung eines globalen ökologischen Gleichgewichts diskutieren.

Wirtschaft und Ökologie werden hier in einen sehr engen Bedingungs- und Wirkungszusammenhang gestellt. Das ist nicht unproblematisch, aber wir müssen heute davon ausgehen, daß Ressourcenabbau, Produktion, Ressourcenverbrauch etc. und Umweltzerstörung in einem höchst dynamischen Wechselverhältnis von Ursache und Wirkung zueinander stehen.

Im folgenden sollen einige Faktoren aufgelistet werden, die Zeugnis geben, wie und in welchem Maße die Umwelt in unterentwickelten Regionen dieser Erde im Zuge der Integration in den von den Industrienationen dominierten Weltmarkt und Welthandel nachhaltig, teilweise leider irreversibel zerstört wird und welche Strategien zur Lösung des Problems entwickelt werden sollten.

6.2 Einige Faktoren weltweiter Umweltzerstörung

Zunächst: immer noch nutzen und verbrauchen die westlichen Industrienationen drei Viertel der gesamten kommerziellen Energie, obwohl sie nur ein Viertel der Weltbevölkerung stellen.[128] Alle Entwicklungsländer zusammengenommen verbrauchen in Relation dazu also nur ein Viertel der ‹Weltenergie›. Stellen wir hierzu in Rechnung, daß derzeit noch 80% des Energieverbrauchs auf nicht erneuerbaren Ressourcen beruht - die zumal großenteils zu Niedrigstpreisen aus den Ländern der Dritten Welt in die reichen Industrienationen exportiert werden - dann werden wir schnell des Maßes an Verantwortung gewahr, das den Industrienationen obliegt. Beispielsweise wurde 1992 "in den Industrieländern in nur anderthalb Tagen so viel Kohlenstoff verbrannt, wie in rund 2000 Jahren der Erdgeschichte eingelagert worden war."[129] Energieeinsparung muß hier und jetzt einsetzen, dann und nur dann wird ein umfassender Schutz von nicht erneuerbaren Energieträgern weltweit möglich sein.

Ähnlich verhält es sich mit den CO_2-Emissionen oder der Produktion von FCKW. Die Industrieländer verursachen gut 80% des Ausstoßes von Kohlenwasserstoff[130] und ihr Anteil an der FCKW-Emission betrug noch 1990 etwa 95%.[131] Der sog. Treibhauseffekt - und das sei hier nur stellvertretend für eine ganze Reihe globaler ökologischer Krisen erwähnt - ist beinahe ausschließlich auf das Verhalten der Industrienationen zurückzuführen. Das soll nicht heißen, daß die Entwicklungsländer nicht an der ökologischen Krise beteiligt sind, aber eine an diesen unmißverständlichen Zahlen bemessene Gewichtung der Ursachen und Faktoren dieser Krise muß noch immer deutlich zu Lasten der Industrienationen ausfallen. Ein qualitativer Vergleich des Energie- und Rohstoffverbrauchs sollte nicht vergessen lassen, daß der Ressourcenverbrauch in den Industrieländern häufig dem Konsum dient, in den Entwicklungsländern hingegen - auch wenn zeitweise große Steigerungsraten zu verzeichnen sind - (bis auf wenige Ausnahmen) dem nackten Lebenserhalt.

Viele der heute bestehenden irreversiblen Umweltschäden lassen sich weit zurückführen auf koloniale oder postkoloniale Ausbeu-

---

[128] Vgl. Globale Trends 93/94, S. 313ff.
[129] Globale Trends 93/94, S. 314.
[130] A.a.O., S. 283.
[131] A.a.O., S. 291.

tung: Beispielsweise die Abholzung riesiger Waldgebiete in Brasilien um die Jahrhundertwende für die Errichtung von Kautschuk-Monokulturen, die wenige Jahre nach der Erfindung der synthetischen Gummiproduktion sowie der Verlagerung der Produktion in die billigeren südostasiatischen Staaten vor dem Ruin standen[132]. Bis heute wurden diese Flächen der Natur nicht wieder zurückgegeben. Nicht anders sieht es im Grunde bei verödeten, weil fehlgeplanten Industriewüsten in den unterentwickelten Ländern aus. Für die Agroindustrie ist ähnliches festzuhalten. "Tatsächlich sind die Länder im Süden übersät mit Kulturflächen, die infolge gescheiterter Experimente der ‹Experten› aus dem Norden zerstört sind."[133] Die Bevölkerung, das ganze Land, der Staat, alle mußten sie dafür bezahlen, die Natur wurde nachhaltig und empfindlich zerstört - aber die Gewinne verbuchten transnational operierende Banken und Konzerne aus den Industriestaaten.[134] Umweltpolitische Entscheide - wo es solche überhaupt gibt - dienen vorderhand noch immer den wirtschaftlichen Interessen der Industrienationen und der Erschließung neuer Märkte. Nicht eben selten diskriminieren sie Exporte aus den Staaten der Dritten Welt und behindern somit gerade jene Wirtschafts- und Umweltkonzepte, die eine gerechte und sozial wie ökologisch ausgewogene Entwicklung befördern und beschleunigen sollten. Globale Umweltschutzvorstellungen müssen gemeinsam, das heißt mit den und nicht gegen die Interessen der Länder der Dritten Welt entwickelt werden.

Längst mußten die Industrienationen eingestehen, daß die wirtschaftliche Durchdringung der Entwicklungsländer zu schwerwiegenden strukturellen Gesellschaftsveränderungen geführt hat. Der Integration in den Weltmarkt folgte häufig eine nationale, regionale und/oder lokale Desintegration mit der Folge extremer sozialer Disparität, wachsender Armut und Zunahme naturgefährdender Verhaltensweisen. Solange die Länder der Dritten Welt den Grad und die Stufen dieser Integration nicht in erster Linie selbst und nach

---

[132] Vgl. zu den häufig fehlgeschlagenen Konzepten der Inwertsetzung einer Region: E. Altvater, 1987, S. 13-23.
[133] Stiftung Entwicklung und Frieden, 1992, S. 23.
[134] Vgl. einige der leider unzähligen Beispiele in: D. Dirmoser, 1987, hier v.a. S. 70ff, 94ff., 125ff.

Maßgabe ihrer inneren Entwicklung entscheiden können, droht den Lösungsstrategien auf der Basis der Weltmarktintegration nach wie vor permanentes Scheitern. Ähnlich problematisch scheint die Integration der Entwicklungsländer in jene ökologischen Programme, die *in den* Industrienationen und eigentlich *für diese* entwickelt werden. Es muß ernsthaft die Frage diskutiert werden, ob solche Strategien nicht abermals und notwendig die Desintegration von Naturvölkern, armen Bevölkerungsschichten und Minderheiten nach sich ziehen[135] und somit im höchsten Maße kontraintuitiv sind? Eine neue und ganz andere Lösungsstrategie können wir in folgendem Konzept sehen:

6.3 "Nicht mehr geben, sondern weniger nehmen"[136] - das Konzept einer Autarkie mit Fenstern

Gerade die mißliche Lage der Entwicklungsländer und die ursächliche Beteiligung der Industrieländer daran stellt nochmals das Ärgernis in den Raum, das uns in den letzten Überlegungen ständig begleitet hat: Auf der einen Seite verlangen ökologische, energiepolitische und kulturelle Gesichtspunkte nach einer Regionalisierung der Welt. Auf der anderen Seite sind gerade ökologische Fragen, aber auch die Probleme der Dritten Welt, oder gar die Sicherheitsfragen, nur auf der globalen Ebene zu lösen.

Zusätzlich dazu geraten Regionalisierungs- oder Abkoppelungskonzepte sofort in den Geruch des Egoismus, vor allem dann, wenn solche Konzepte aus der Perspektive der ‹Habenden› entwickelt und vorgelegt werden.

Es zeigt sich also, daß es auf die Frage nach der Bedeutung des Konzeptes ‹Weltdorf› weder aus ökologischer noch aus wirtschaftlicher oder politischer Sicht eine eindeutige Antwort geben kann. Wenn sich aus ökologischer Sicht das Konzept einer regionalen Autarkie nahelegt, so muß dieses zumindest differenziert werden. Eine Lösung ist offenbar nur auf der Linie einer differenzierten

---

[135] Man denke hier beispielsweise an die Lösung traditioneller Bindungen durch exogene Modernisierungseffekte etc.
[136] Das Originalzitat lautet: "Die Erwartung der Völker im Süden an uns ist nicht, daß wir lernen, ihnen mehr zu geben, sondern daß wir lernen, uns weniger zu nehmen." J. Rau, 1992, S. 6.

Autarkie zu finden. Es scheint naheliegend, aus ökologischen Gründen zunächst die Autarkie als Leitidee zugrunde zu legen. Dies würde bedeuten, daß die Welt als ein Ensemble von Großregionen zu konzipieren wäre, die zum Teil wenigstens autark wären. Autark inwiefern? Als Grundsatz könnte die Norm dienen, wonach ein Durchbrechen regionaler Autarkien nur dann zulässig ist, wenn dabei das Gebot der Nachhaltigkeit nicht verletzt und wichtige kulturelle Voraussetzungen nicht zerstört werden. Das wäre das Konzept einer Autarkie mit Autarkiefenstern: Was nicht aus ökologischen und kulturellen Gründen autark organisiert werden muß, kann überregional, ja international und global organisiert werden. Als Grundsatz könnte dabei der Satz dienen: Je materialer, desto lokaler; je geistiger, desto internationaler. Die Beweisführung wäre aber so zu leisten, daß eben die Überlebensfähigkeit überregionaler Konzepte, nicht die Beschränkung auf die Region, einer Begründung bedarf.

Innerhalb dieses Konzepts einer ‹Autarkie mit Fenstern› müßten dann weitere Prioritäten gesetzt werden, schlicht deshalb, weil wir nicht alle alles gleichzeitig realisieren können. Auf der Linie eines solchen Konzepts müßten wohl zunächst Mobilität und Transport schwerer Güter regionalisiert werden. Internationale Hilfe, internationales Recht und internationale Sicherheit wären vordringliche globale Aufgaben. Auch das Energieproblem scheint ein globales zu sein. Kommunikation, Information und Wissenschaft sind global zu konzipieren, wobei hier die Kulturverträglichkeit ein wichtiges Kriterium darstellt.

Literatur

Allensbach (1983): Demoskopisches Institut Allensbach. Atomwirtschaft. Bericht Juli/August 1993.
Altner, G. (1991): Naturvergessenheit. Grundlagen einer umfassenden Bioethik. Darmstadt: Wiss. Buchgesellschaft 1991.
Altvater, E. (1987): Sachzwang Weltmarkt: Verschuldungskrise, blockierte Industrialisierung, ökologische Gefährdung - der Fall Brasilien. Hamburg: VSA Verlag 1987.
Ders. (1992): Der Preis des Wohlstands oder Umweltplünderung und neue Welt(un)ordnung. Münster: Verl. Westfälisches Dampfboot 1992.
Arendt, H. (1992): Vita Activa oder vom tätigen Leben. 7. Aufl., München: Piper 1992.
Aristoteles: Metaphysik. Hamburg: Meiner 1978.
Aristoteles: Nikomachische Ethik. Hamburg: Meiner 1976.
Attfield, R.; Belsey, A. [Ed.] (1993): Philosophy and the natural environment. (The Royal Institute of Philosophy and the contributors 1994). Cambridge: Press Synd. of the University 1994.
Augustinus: Confessiones. Lat. u. dt, übers. von J. Bernhart. 4. Aufl., München: Deutscher Taschenbuch Verlag 1980.
Bacon, F. (1990): Weisheit der Alten. Hg. von P. Rippel. Aus dem lt. u. engl. übertr. von M. Münkler [de sapientia veterum; of the wisdome of the ancients]. Frankfurt a.M.: Fischer 1990.
Bacon, F. (1990a): Novum organum - Neues Organon. Lt/dt. Hg. von W. Krohn. Hamburg: Meiner 1990.
Bateson, G. (1985): Ökologie des Geistes. Anthropologische, psychologische, biologische und epistemologische Perspektiven. Übers. von G. Holl. Frankfurt: Suhrkamp 1985.
Bayertz, K. [Hg.], (1993): Evolution und Ethik. Stuttgart: Reclam 1993.
Beck, U. (1986): Risikogesellschaft. Auf dem Weg in eine andere Moderne. Frankfurt: Suhrkamp 1986.
Bell, D. (1976): Die Zukunft der westlichen Welt. Frankfurt: Fischer 1976.

Birnbacher, D. (1980): Sind wir für die Natur verantwortlich? In: Ökologie und Ethik. Hg. von D. Birnbacher. 2. erg. Aufl., Stuttgart: Reclam 1986.
Blumenberg, H. (1981): Die Genesis der kopernikanischen Welt. Bd. 3. Frankfurt: Suhrkamp 1981.
Ders. (1988): Der Prozeß der theoretischen Neugierde. Erweiterte und überarbeitete Neuausgabe von »Die Legitimität der Neuzeit«. 4. Aufl., Frankfurt: Suhrkamp 1988.
Bode, W.; Hohhorst, M. v. (1994): Waldwende: vom Försterwald zum Naturwald. München: Beck 1994.
Böhme, G. (1989): Für eine ökologische Naturästhetik. Frankfurt: Suhrkamp 1989.
Brenner, A. (1994): Streit um die ökologische Zukunft. Neue Ethik und Kulturalisierungskritik. (Würzburger Wissenschaftliche Schriften, Reihe Philosophie, Bd. 151 - 1994). Würzburg: Königshausen u. Neumann 1994.
Brock, D. (1991): Die Risikogesellschaft und das Risiko soziologischer Zuspitzung. In: Zeitschrift für Soziologie, H. 1, 1991.
Brumlik, M. (1992): Advokatorische Ethik: zur Legitimation pädagogischer Eingriffe. Bielefeld: Böllert 1992.
Brundtland-Bericht (1987): Unsere gemeinsame Zukunft. Der Brundtland-Bericht der Weltkommission für Umwelt und Entwicklung. Hg. von V. Hauff. Eggenkamp Greven 1987.
Campbell, B. (1987): Ökologie des Menschen: unsere Stellung in der Natur von der Vorzeit bis heute. Aus d. engl. übers. von S. Schmitz. Frankfurt a. M.; Berlin: Ullstein 1987.
Copernicus, N. (1990): Das neue Weltbild. Drei Texte. Commentariolus, Brief gegen Werner, De revolutionibus I. Im Anh. e. Ausw. aus d. Narratio prima des G.J. Rheticus. Übers., hg. u. mit e. Einl. u. Anm. vers. von Hans Günter Zekl. Lt./dt. Hamburg: Felix Meiner 1990.
Crescenzo, L. de (1987): oi dialogoi. Von der Kunst miteinander zu reden. Zürich 1987.
Crombie, A. C. (1977): Von Augustin bis Galilei. Die Emanzipation der Naturwissenschaft. Übers. v. H. Hoffmann u. H. Pleus. München: Deutscher Taschenbuch Verlag 1977.
Crüsemann, M.; Schottroff, W. [Hg.] (1992): Schuld und Schulden: biblische Traditionen in gegenwärtigen Konflikten. München: Kaiser 1992.

Dirmoser, D. et al., [Hg.] (1987): Lateinamerika. Analysen und Berichte 11. Deutsche Geschäfte. Hamburg: Junius 1987.
Dürr, H.-P. (1992): Verantwortung für die Natur. Hg. von M. Haller. Leck: Clausen & Bosse 1992.
Farber, P. L. (1994): The Temptations of Evolutionary Ethics. Berkeley; Los Angeles; London: University of California Press 1994.
Fraser-Darling, F. (1986): Die Verantwortung des Menschen für seine Umwelt. In: Ökologie und Ethik. Hg. von D. Birnbacher. 2. erg. Aufl., Stuttgart: Reclam 1986.
Gasiet, S. (1981): Menschliche Bedürfnisse. Frankfurt, New York 1986.
Georgescu-Roegen, N. (1987): The entropy law and the economic process in retrospect. Dt. Übers. In: IÖW-Schrift 5/87, hg. von E. K. Seifert. Berlin 1987.
Globale Trends (93/94). Hg. von I. Hausler. Daten zur Weltentwicklung. Frankfurt a. M.: Fischer 1993.
Hauff, V. (1978): Energieversorgung und Lebensqualität. Villingen 1978.
Herder, J. G. (1960): Sprachphilosophische Schriften. Ausgewählt und eingeleitet von E. Heintel. Hamburg: Meiner 1960.
Hochschulen (1978): Dritter Bericht über den Ausbau der Schweiz. Hochschulen. Zusammenfassung der Folgerungen und Empfehlungen. Bern: Hochschulpolitische Konferenz 1978.
Höffe, O. (1979): Ethik und Politik. Grundmodelle und Grundprobleme der praktischen Philosophie. Frankfurt a.M.: Suhrkamp 1979.
Ders. [Hg.] (1992): Lexikon der Ethik. 4. Aufl. München: Beck 1992.
Hopfenbeck, W.; Zimmer, P. (1993): Umweltorientiertes Tourismusmanagement: Strategien, Checklisten, Fallstudien. Landsberg; Lech: Verlag Moderne Industrie 1993.
Immler, H. (1985): Natur in der ökonomischen Theorie. Teil 1: Vorklassik - Klassik - Marx. Teil 2: Physiokratie - Herrschaft der Natur. Opladen: Westdeutscher Verlag 1985.
Irrgang, B. (1992): Christliche Umweltethik. Eine Einführung. München, Basel: UTB Reinhardt 1992.
Jahrbuch Ökologie (1993): Jahrbuch Ökologie 1993. Hg. von G. Altner, B. Mettler-Meibom, U. E. Simonis u. E. u. v. Weizsäcker. München: Beck 1993.

Jahrbuch Ökologie (1994): Jahrbuch Ökologie 1994. Hg. von G. Altner, B. Mettler-Meibom, U. E. Simonis u. E. u. v. Weizsäcker. München: Beck 1994.

Jonas, H. (1979): Das Prinzip Verantwortung. Versuch einer Ethik für die technologische Zivilisation. Frankfurt: Insel 1979.

Jonas, H.; Mieth, D. (1983): Was für morgen lebenswichtig ist. Freiburg, Basel, Wien: Herder 1983.

Jonas, H. (1987): Warum die Technik ein Gegenstand für die Ethik ist. Fünf Gründe. In: Technik und Ethik. Hg. von H. Lenk u. G. Ropohl. Stuttgart: Reclam 1987.

Ders. (1994) Das Prinzip Leben. Ansätze zu einer philosophischen Biologie. Frankfurt a.M.; Leipzig: Insel 1994.

Kirschenmann, P. P. (1978): Ethics, Science and the Intrinsic Value of Things, in: Selektionsvorträge des 16. Weltkongresses für Philosophie, Düsseldorf: 1978.

Kösters, W. (1993): Ökologische Zivilisierung: Verhalten in der Umweltkrise. Mit. e. Geleitw. von U. E. Simonis. Darmstadt: Wiss. Buchgesellschaft 1993.

Kohn, M. (1990): Programmierte Pausen auf Schritt und Tritt. In: NZZ, Nr.25, 31.1.90.

Krippendorf, J. (1984): Die Ferienmenschen: für ein neues Verständnis von Freizeit und Reisen. Zürich: Orell Füssli 1984.

Krippendorf, J.; Möller, H. (1986): Alpsegen - Alptraum. Einklang mit Mensch und Natur. Bern: Kümmerly u. Frey 1986.

Krippendorf, J.; Pfister, H. (1989): Tourismus: bis hierher und wie weiter? Protokoll eines Kaminfeuergesprächs. Forschungsinstitut für Freizeit und Tourismus der Universität Bern. Bern 1989. (Berner Studien zu Freizeit und Tourismus, Nr. 25.)

Kubina, E. M. (1990): Irrwege - Fluchtburgen. Frankfurt: Suhrkamp 1990.

Kummer, H.; Nievergelt, B.; Ruh, H.; Turner, D. C. (1991): Ist Naturschutz ökologisch oder ethisch zu begründen? Seminarbericht. Zürich 1991.

Lenk, H.; Ropohl, G.; [Hg.] (1987): Technik und Ethik. Stuttgart: Reclam 1987.

Lohsinger, A. (1994): Gerechte Vermögensverteilung: das Modell Oswald von Nell-Breunings. Paderborn; München; Wien; Zürich: Schöningh 1994. (Abhandlungen zur Sozialethik; Hg. von A. Rauscher u. L. Roos; Bd. 34)

Lovins, A. B. (1977): Soft energy paths: toward a durable peace. Cambridge - Mass.: Ballinger 1977.

Ders. (1978): Sanfte Energie: das Programm für die energie- und industriepolitische Umrüstung unserer Gesellschaft. Dt. von K. A. Klever. Reinbek: Rowohlt 1978.

Ders. (1983): Wirtschaftlichster Energieeinsatz: Lösung des CO_2 Problems. Dt. von H. Rubin. Karlsruhe: Müller 1993.

Lübbe, H. (1991): Die schwarze Wand der Zukunft. In: Mannheimer Gespräche. Auf der Suche nach der verlorenen Sicherheit. Hg. von Ernst P. Fischer. München: Piper 1991.

Ludwig, K. [Hg.] (1990): Der neue Tourismus. Rücksicht auf Land und Leute. Hg. von K. Ludwig, M. Has, M. Neuer. Mit e. Nachwort von André Heller. 2. Aufl. München: Beck 1990.

Luhmann, N. (1986): Ökologische Kommunikation: kann die moderne Gesellschaft sich auf ökologische Gefährdungen einstellen? Opladen: Westdeutscher Verlag 1986.

Ders. (1990): Paradigm lost: über die ethische Reflexion der Moral.: Rede anläßlich der Verleihung des Hegel-Preises 1989. Mit e. Laudatio v. R. Spaemann: Niklas Luhmanns Herausforderung der Philosophie. Frankfurt a.M.: Suhrkamp 1990.

Mäder, U. (1991): Vom Kolonialismus zum Tourismus - von der Freizeit zur Freiheit. Zürich, 3. Aufl. 1991.

Markt und Moral (1994): Markt und Moral: die Diskussion um die Unternehmensethik. Hg. vom Forum für Philosophie Bad Homburg. S. Blasche, W. R. Köhler, P. Rohs. Bern; Stuttgart; Wien: Haupt 1994. (St. Galler Beiträge zur Wirtschaftsethik; Hg. vom Institut für Wirtschaftsethik der Hochschule St. Gallen.)

Meadows D. L. (1992): Die neuen Grenzen des Wachstums. Die Lage der Menschheit: Bedrohung und Zukunftschancen. Hg. von D.H. Meadows, D.L. Meadows u. J. Randers. Übers. von H.-D. Heck. Stuttgart: Deutsche Verlagsanstalt 1992.

Melle, U. (1988): Tiere in der Ethik, in: ZPHF 42, H.2, 1988.

Meier, R.; Walter, F. (1991): Umweltabgaben für die Schweiz. Ein Beitrag zur Ökologisierung von Wirtschaft und Gesellschaft. Chur; Zürich: Verlag Rüegger 1991.
Meyer-Abich, K. M. [Hg.] (1979): Frieden mit der Natur. Hg. von K. M. Meyer-Abich. Freiburg; Basel; Wien: Herder 1979.
Meyer-Abich, K. M.; Schefold, L. (1981): Wie möchten wir in Zukunft leben. München: Hanser 1981.
Mittelstrass, J. (1982): Wissenschaft als Lebensform. Reden über philosophische Orientierung in Wissenschaft und Universität. Frankfurt: Suhrkamp 1982.
Nachtigall, W. (1982): Biotechnik und Bionik. Wiesbaden: Steiner 1982. (Abhandlungen der Akademie der Wissenschaften und der Literatur. Mathematisch-naturwissenschaftliche Klasse, 1992.)
Naturbegriff der Gegenwart, zum (1994): Kongreßdokumentation zum Projekt "Natur im Kopf" - Stuttgart, 21. - 26. Juni 1993. Bd. 1 u. 2, hg. vom Kulturamt Stuttgart. Stuttgart: frommann-holzboog 1994.
Nietzsche, F. (1980): Jenseits von Gut und Böse. KSA. München: Deutscher Taschenbuch Verlag 1980.
Obermann, H. A. (1974): Contra vanam curiositatem. Ein Kapitel der Theologie zwischen Seelenwinkel und Weltall. Zürich 1974.
Ökologische Steuerreform (1992): Ökologische Steuerreform. Europäische Ebene und Fallbeispiel Schweiz. Hg. von R. Iten, J. Jesinghaus, S. P. Mauch u. E. U. v. Weizsäcker. Chur; Zürich: Verlag Rüegger 1992.
Patzig, G. (1983): Ökolologische Ethik - innerhalb der Grenzen blosser Vernunft. In: Vortragsreihe der Niedersächsischen Landesregierung, H. 64, Göttingen 1983.
Peccei, A. (1981): Die Zukunft in unserer Hand. Wien, München, Zürich: Molden 1981.
Picht, G. (1969): Wahrheit, Vernunft, Verantwortung. Philosophische Studien. Stuttgart: Klett 1969.
Ders. (1989): Der Begriff der Natur und seine Geschichte. Stuttgart: Klett 1989.
Platon (Protagoras): Werke in acht Bd. gr. u. dt., Bd. 1., 2. Aufl. Darmstadt: Wissenschaftliche Buchgesellschaft 1990.
Ders. (Der Staat), Werke in acht Bänden gr. u. dt., Bd. 4., 2. Aufl. Darmstadt: Wissenschaftliche Buchgesellschaft 1990.

Prittwitz, V. [Hg.] (1993): Umweltpolitik als Modernisierungsprozeß. Politikwissenschaftliche Umweltforschung und -lehre in der Bundesrepublik Deutschland. Hg. von V. Prittwitz. Opladen: Leske + Budrich 1993.

Rammstedt, O. (1987): In: Über den Umgang mit Unsicherheit. Hg. von A. Evers u. H. Novotny. Frankfurt a.M.: Suhrkamp 1987.

Rau, J. (1992): Vorwort zu: Nach dem Erdgipfel. Hg. von Stiftung Entwicklung und Frieden. Bonn 1992.

Rechenberg, I. (1994): Evolutionsstrategie '94. Werkstatt Bionik und Evolutionstechnik Bd. 1. Stuttgart: frommann-holzboog 1994.

Rehbinder, E. (1973): Politische und rechtliche Probleme des Verursacherprinzips. Beiträge zur Umweltgestaltung. Heft A15, Berlin: Schmidt Verlag 1973.

Rehm, J. [Hg.] (1994): Verantwortlich leben in der Weltgemeinschaft: zur Auseinandersetzung um das «Projekt Weltethos». Mit Beitr. von W. Huber et al. Gütersloh: Kaiser 1994.

Ropohl, G. (1987): Risikoverantwortung im technischen Handeln, in: Technik und Ethik. Hg. von H. Lenk u. G. Ropohl. Stuttgart: Reclam 1987.

Rossnagel, A. (1983): Bedroht die Kernenergie unsere Freiheit: das künftige Sicherungssystem kerntechnischer Anlagen. München: Beck 1983.

Ruh, H. (1989): Ethische Aspekte der Biologie. In: Schweizerische Ärztezeitung, H. 49, Bd. 70. Bern 1989.

Ders. (1990): Argument Ethik. Wirtschaft, Ökologie, Medizin, Politik. 3. Aufl. Zürich: Theologischer Verlag 1993.

Ders. (1991): Ist Naturschutz ökologisch oder ethisch zu begründen? Ein Bericht über ein Seminar an der Universität Zürich im Wintersemester 1986/87 in Zusammenarbeit mit Hans Kummer, Bernhard Nievergelt und Dennis C. Turner. (Standort: Institut für Sozialethik, Kirchgasse 9, 8001 Zürich).

Ders. (1992): Wald und Gesellschaft: Ethische Aspekte. In: Schw. Zeitschrift für Forstwesen, Jg. 143, Nr. 11, 1992, S. 877 - 884.

SBN (1989): Schweizerischer Bund für Naturschutz. Thesen für mehr Natur im Walde. Beiträge zum Naturschutz in der Schweiz, Nr. 11, Basel 1989.

Schäfer, L. (1993): Das Bacon-Projekt. Von der Erkenntnis, Nutzung und Schonung der Natur. Frankfurt: Suhrkamp 1993.

Schönherr, H.-M. (1989): Die Technik und die Schwäche: Ökologie nach Nietzsche, Heidegger und dem «schwachen Denken». Mit e. Vorw. von G. Vattimo. Wien: Passagen Verlag; Wien: Böhlau 1989.

Schweizer Rück (Schweizerische Rückversicherungs-Gesellschaft): Risiko Klima. Zürich 1994. (Postfach, 8022 Zürich).

Soft Energy (1988): First European Symposium on "Soft Energy Sources at the Local Level". Naxos (Gr): Community of Apiranthos 1988.

Spescha, P. (1991): Arbeit - Freizeit - Sozialzeit: Die Zeitstruktur des Alltags als Problem ethischer Verantwortung. Bern: Lang 1991.

Stiftung Entwicklung und Frieden, [Hg.] (1991): Gemeinsame Verantwortung in den 90er Jahren. Die Stockholmer Initiative zu globaler Sicherheit und Weltordnung - Die Charta der Vereinten Nationen. Bonn: Breitenbach 1991.

Ders., [Hg.] (1992): Bericht "Welternährung, Bodenreform und organische Landwirtschaft auf der UNCED-Konferenz von 1991. Bonn 1992.

Stoeckle, B. (1986): Wörterbuch der ökologischen Ethik. Die Verantwortung des Christen für den Bestand der Schöpfung. Freiburg, Basel, Wien: Herder 1986.

Sozialpolitische Kommission der Sozialdemokratischen Partei der Schweiz (1991/1994): Studien. September 91 u. Mai 94.

Steck, O. H. (1978): Welt und Umwelt. Stuttgart: Kohlhammer 1978.

Trepl, L. (1987): Geschichte der Ökologie. Vom 17. Jahrhundert bis zur Gegenwart. Frankfurt a.M.: Athenäum 1987.

Unmüßig, B. (1993): Probleme und Chancen für eine neue Umwelt- und Nord-Süd-Politik nach UNCED. In: Nach dem Erdgipfel. Global verantwortliches Handeln für das 21. Jahrhundert. Kommentare und Dokumente. Hg. Stiftung Entwicklung und Frieden. Bonn 1993.

Weber, R. (1992): Existenzsicherung ohne Fürsorge? Soziale Arbeit Bd. 10. Bern 1992.

Weischedel, W. (1972): Das Wesen der Verantwortung. Ein Versuch. 3. Aufl., Frankfurt: Vittorio Klostermnn 1972.

Weizsäcker, C. F. v. (1976): Wege in der Gefahr. Eine Studie über Wirtschaft, Gesellschaft und Kriegsverhütung. München; Wien: Carl Hanser Verlag 1976.
Ders. (1980): In : Die Zeit, Nr. 42, 1980, S. 34.
Weizsäcker, E. U. v. (1990): Erdpolitik. 2. Aufl. Darmstadt: 1990.
Ders. (1990): Unveröffentlichtes Manuskript im Anschluß an einen Vortrag in Lilienthal 1990.
Witznay, G. (1993): Natur der Sprache - Sprache der Natur: sprachpragmatische Philosophie der Biologie. Würzburg: Königshausen u. Neumann 1993.
Zahlmann, Chr. (1992): Kommunitarismus in der Diskussion. Eine streitbare Einführung. Rotbuch Verlag 1992.

Weltreligionen

Verantwortlich leben in der Weltgemeinschaft

Zur Auseinandersetzung um das Projekt Weltethos. Hg. von Johannes Rehm. Mit Beiträgen von Wolfgang Huber, Hans Küng, Johannes Lähnemann, Ram A. Mall, Hans-Jochen Vogel und Carl Friedrich von Weizsäcker.
93 Seiten. Kt.
[3-579-05133-4] KT 133

Das von Hans Küng vorgeschlagene ›Projekt Weltethos‹ hat in der Öffentlichkeit sowohl Zuspruch gefunden als auch – nicht zuletzt von evangelischen Theologen – intensive Kritik erfahren. In diesem Band überprüfen namhafte Naturwissenschaftler, Kulturwissenschaftler, Theologen und Politiker die Tragweite des Konzepts für ihren Arbeitsbereich.

Chr. Kaiser
Gütersloher
Verlagshaus